Prinzipien aufgeklärter An-archie

Fröhliche Wissenschaft 142

Paul Valéry

Prinzipien aufgeklärter An-archie

Aus dem Französischen,
mit Anmerkungen und Nachwort
von Jürgen Schmidt-Radefeldt

Vorbemerkung

Die hier vorgelegten Gedanken Paul Valérys stehen in einem *Carnet*, das er neben seinen *Cahiers/Heften*, anderen *Carnets* und *Werken* führte. Dabei blieb Valéry (1871–1945) seiner *écriture* der *Cahiers* treu, die er von 1894 bis zu seinem Tode 1945 schrieb. Allerdings besteht ein Unterschied darin, dass er hier locker einer thematischen Grundlinie zu folgen scheint – in offener wie verdeckter Form: Die Gedanken stehen anarchischen Phänomenen näher oder ferner, wobei Valérys historische, zeitgeschichtliche und politische Aperçus aus der Zeit unmittelbar vor Beginn des Zweiten Weltkriegs erstaunliche und erschreckende Verbindungen mit unserer Gegenwart zu ziehen erlauben.

Valéry war nun sicherlich kein Anarchist – es geht ihm vielmehr darum, Tiefenstrukturen anarchischen Denkens und Handelns aufzuspüren: um eine Kritik von Staatsformen, um problematische Grundfragen zu politischen Idolen und

Begriffen wie »Nation«, »Volk« und »Freiheit« (in Anführungszeichen zwischen zwei Gendarmen gesetzt, wie Valéry es nennt), zu Souveränität und Autorität, zu Macht, Gewalt und Angst; es geht ihm um Rechtsformen und Rechtsprechung, um eine fundamentale Kritik der Geschichte und Politik (insbesondere des Mehrheitswahlrechts) – wie auch um deren Akteure, etwa Ludwig XIV, Napoleon, Trotzki, Hitler oder den Zufall.

Dieses *Carnet* entstand zwischen April 1936 und September 1938. Als Buch erschien es 1984 unter dem Titel *Les principes d'an-archie pure et appliquée* im Verlag Gallimard, der andere von uns gewählte Titel, *Les principes d'an-archie raisonnée*, findet sich oben auf der ersten Seite des Manuskripts, das in der *Bibliothèque nationale de France*, Paris eingesehen werden kann. Unserer Übersetzung liegt diese Handschrift zugrunde. Eigenwilligkeiten der Zeichensetzung sowie der Groß- und Kleinschreibung wurden weitgehend beibehalten.

Jürgen Schmidt-Radefeldt

Paul Valéry

1 4

Les Principes
d'An-archie raisonnée

Lumineusement venus à l'esprit
comme le corps était dans le bain
à Alger, qu'un chien lamentable-
ment criait et que des enfants
riaient dans le jardin bourré de
palmes molles et fermé de pins
très sombres jusqu'à la crête -
à Mustapha le 23 avril 35
à 10 heures du matin

Je décide d'écrire sur les Versos
car ce chien insupportable, tantôt
pleurant, tantôt aboyant, ne
permet qu'idées rompues, et je le
tuerais volontiers si je pouvais, si
je croyais tout à fait son cri devoir
le céder à mes pensées?

Paul Valéry,

»Les Principes d'an-archie raisonnée«

Die Prinzipien aufgeklärter An-archie[1]

die erleuchtend meinen Geist durchfluteten,
als der Körper in Algier badete,
ein Hund erbärmlich heulte
und Kinder lachten, in einem Garten
mit lauter schlaffen Palmen, umschlossen
von bis in die Kronen tiefdunklen Pinien.

In Mustapha, 23. April 1936
10 Uhr morgens

Ich entscheide mich, immer auf die Rückseiten dieses Heftes zu schreiben, denn dieser unerträglich bald jaulende, bald kläffende Hund erlaubt mir nur abgebrochene Ideen; liebend gern würde ich ihn töten, wenn ich könnte, wenn ich denn überhaupt davon überzeugt wäre, dass sein Gejaule meinen Gedanken Vortritt lassen müsste.

Die Rückseiten.

Man sollte endlich mit dem fatalen Dogma der Souveränität Schluss machen und das *Jeder-gegen-die-Idole* unterstützen, denn Idole dürfen nur Instrumente eines gleichberechtigten Tauschvorgangs sein.

- Es gibt nichts Heiliges für sich.
- Man schuldet einem anderen nur das, was man von ihm erhalten hat.
- Steuer ist der Beitrag eines jeden zu den öffentlichen Ausgaben in dem Maße, in dem ihm diese öffentliche Sache von Nutzen ist.
- Man sollte niemandem aufgrund seiner Stellung, seiner fiktiven Wirkkraft, glauben oder nachfolgen.

Überlegenheit erkennt man an der Ungleichheit beim Tauschvorgang.

Ich gebe wenig, um viel zu erhalten. Ich brauche nur etwas zu sagen – und schon tun es die anderen.

Reich ist der, dem alle Armen einen Cent geben.

Freiheit

Vor denen, die ein Megafon benutzen, die andere beschimpfen, sie grob anfahren, muss man sich hüten; vor denen, die Reden schwingen von Potenzen, die größer sind als der Mensch; die fiktive Dinge wie das Volk, die Geschichte, die Götter, die Idole sprechen lassen; vor denen, die andere schlechtmachen, sie als einen Stoff betrachten, der auf ihre eigenen Interessen und Ziele zugeschnitten werden muss;

- die andere dazu bringen zu handeln, zu zahlen, sich zu prügeln;
- die für sie entscheiden;
- die vorgeben, deren Interessen und Bedürfnisse besser zu kennen als sie selbst.

Jeder Mystiker ist ein Gefäß mit Anarchischem.[2]

Vor Gott, im Geheimnis des Selbst und als ein Geheimnis des Selbst betrachtet, hat nichts Bestand.

Jederlei Macht ist zu verachten.

Doch was ist Gott, was ist Macht?

Ersteres ist das absolut Mächtigste (*per definitionem*);

Letzteres ist das Stärkste, pragmatisch gesehen.

Pascal[3] ist der Typus eines Anarchisten und das finde ich am besten an ihm.

»Anarchist« ist ein Beobachter, der das sieht, was er sieht, und nicht das, was man gemeinhin sieht.

Er denkt darüber nach.

Freiheit

An-archie ist der Versuch eines jeden, jegliche Unterwerfung unter einen Befehl, der auf Unverifizierbarem gründet, zurückzuweisen.[4]

Das Individuum unterscheidet sich von anderen in der Vorschrift oder der Doktrin, die es annehmen soll und die sich mit Zielen bemäntelt, zu deren Erfüllung kein Individuum fähig ist.

»Sei dir dessen gewiss, was ich dir vergewissere und was mir ungewiss ist, und mir ungewiss sein muss.«

»Halte durch, gehorche, im Namen des Allgemeinwohls, gemäß meiner Vorstellung, die ich davon habe, *ich.*«[5]

Die Könige Frankreichs haben »Frankreich« *gemacht.* Es ist ihre Kunstschöpfung.

Je dauerhafter und entschiedener sich ihre Macht darstellte,

umso weniger wurden eigenständige Schöpfungen anderer möglich.

So konnten nicht so viele Zentren des Wohlstands, der Freiheit, der innovativen Produktionen entstehen, wie es etwa in Flandern, am Rhein, in Italien der Fall war.

Sie beseitigten die Munizipien in Südfrankreich, die Landesherren, die verschiedenen Sprachen, die natürlichen Lebensformen.

Alles durch sie, alles für sie.

Die Macht hatte nur noch einen Kopf, mit einem Schlag zu köpfen.

Die »Demokratie« ist ihr Werk.

Wie ein zu hoch getakeltes Schiff. Es krängt stark. Es kentert und das Unterste wird zum Obersten.

Sie sammelten Ländereien und Menschen, durch Gewalt aufgrund ihrer Stärke und durch die Vorteile der aufgezwungenen Ordnung;

dazu bedienten sie sich der Juristen und Rechtsgelehrten, der Schrift, der kleinen Leute; und was ihnen zu hoch erschien, machten sie nieder.

Durch all dies gelang ihnen ein bewundernswertes Werk.

Die Einheit und die Autorität;

die Schönheit einer Pyramide.

Die Franzosen[6] verloren darüber die Natur;

sie schufen eine abstrakte Welt, die Klarheit, einen Willen.

So gab es keinerlei Vögel mehr in der Sprache[7], und die Bäume gehorchten der Architektur, und die Architektur der Vernunft. Von Descartes bis zu Robespierre.

So wurde es möglich, mit einem Schlag nach der Herrschaft, die sich in einem oder einigen Menschen, in einem Palast mit wenigen Gebäuden ballte, zu greifen.

Die Revolution brach aus und, ein Jahrhundert lang, alle zwanzig Jahre ihre Töchter[8].

Die Revolution brach aus, weil sie möglich war. Sie war möglich und *vorstellbar*, ja sogar leicht herbeizuführen, weil alles so beschaffen war, dass binnen weniger Stunden – nachdem einige Männer verhaftet und einige Paläste gestürmt waren – das ganze große Königreich eingenommen und die Macht ersetzt werden konnte. Dabei war diese Ordnung das Werk von drei Regentschaften und Richelieu + Ludwig XIV.

Zwischen *P*ascal und *V*oltaire steht Ludwig 14. Die Veränderung an Möglichkeit von *P* zu *V* könnte man als *transformation Louis XIV* bezeichnen.[9]

Die Wichtigkeit des Königs wächst – bis dann diese Sonne ihre Blendkraft verliert.

Was dachte man *bei sich selbst*? Racine? Évremond?[10]

Freiheit des Geistes?

D e m o k r a t i e – undurchführbar. Die allseitige Kontrolle ist nur in einer sehr kleinen Sphäre möglich, und in sehr allgemeinen und elementaren Bereichen; demokratisches Regieren ist somit nur in Gestalt von Falsifikationen analysierbar.

Von den Wirkungskräften

Öffentliche Wirksamkeit beruht auf den niederen Teilen jeder Person, ihren empfindlichsten:

Leichtgläubigkeit
Untätigkeit
Unüberlegtheit
Furcht
Nachahmung
Eindrücke.

Sie wird durch entgegengesetzte Wirkungskräfte bedroht – private Wirkungskräfte. –

– Kritik – Nachdenklichkeit – Mut, Originalität. Erfahrung und Vernunft zeigen, dass es ein wenig von allem braucht.

Jede »Politik« beruht im Kern darauf: Wer die Macht hat – oder diesen Eindruck erweckt – kann machen, was er will. Und das ist übrigens eine Binsenwahrheit.

»*Io sono il Conte di Boglio*
Che facei quello que voglio«

(diesen Grafen[11] hat der Herzog von Savoyen erhängen lassen, der für sich dasselbe gelten ließ.)

Das Christentum ist gegen das Dogma des Staates, weil es jedem Individuum unbegrenzten Wert zuordnet.

Dem Individuum kommt es zu, den Staat zu tolerieren und zu verachten.

Der Staat ist eine Angelegenheit praktischer Ordnung, praktischer Notwendigkeit, also des vergänglichen Lebens. Das ewige Leben geht ihn überhaupt nichts an. Darin kennt er sich nicht aus. Er ist sogar ein Hindernis bei der Suche nach dem ewigen Leben und kommt ihr in die Quere. (Kriege). Also gehorche – aber dieses notwendige Übel bleibt ein Übel.

Die Kirche bringt all dies zur Schlichtung.

Zufall

In der Geschichte ist der Zufall die stärkste Figur – ihr Akteur.[12] *Zufall* kann man all das nennen, was in unserem »*linearen*« Denken nicht *vorkommen kann* (*Ursache, Plan, Folge*), die sich alle aus dem AKT *herleiten*.

Die *Linie* ist die Form des Akts.
Wenn die Linie vorgegeben ist,
ist der Akt gegeben.[13]

Der allgemeine Wahnsinn
Versuch über den heutigen Psychismus.

Die Hauptaufgabe des freien Geistes ist es, die imaginären Ursachen der realen Übel auszurotten. Schwierig ist dabei, nicht die realen Güter zu beseitigen, welche ja auch durch imaginäre Ursachen hervorgebracht werden.

Meinungen sind die Akteure jener Übel; die Ideale des Einzelnen (das heißt solche, die nicht jedermanns Sache sein können); die eingeschliffenen Konventionen, die man nicht mehr erfinden würde; die Restdeformationen.

Sobald eine Nation das Bedürfnis verspürt, »gerettet« zu werden, von Zeit zu Zeit, durch einen außergewöhnlichen Menschen oder durch ein höchst unwahrscheinliches Ereignis, so beweisen diese Wunder nur ihren beklagenswerten Zustand. Aber immerhin geschieht es, dass sie sich brüstet, dass ihr jene widerfahren sind.

Das bedeutet, sich zu brüsten, unfähig gewesen zu sein, sich selbst aus der üblen Situation zu befreien.

Das bedeutet auch, sich daran zu gewöhnen, das Wirkliche zu vernachlässigen.

Das Opfer für die Idole der *Cité*.[14]

Religion und mystische Staatsgesinnung.

Das sind Tauschvorgänge von Blut gegen seelisch Mythisches –, und von Leben gegen Lebens»gründe«.

Man ist gezwungen, all dies wieder aufzuwärmen. Die Kontrolle des Ich abzuschaffen.

Wie bringt man es zustande, diesen Menschen hier gegen jenen dort kämpfen zu lassen (und das mit Freude!), die sich doch gar nicht kennen? Ein großes Problem – Verwendung von »Geschichte«.

In einer »voll durchorganisierten« Gesellschaft hat Qualität genau so wenig Platz wie Geisteserzeugnisse um des Geistes willen.

Nur einige wenige gesellschaftliche Zwänge – Gerichtsbarkeit, Krieg, Steuerhoheit, Formalitäten etc. – vertragen eindeutige, klare Formulierungen – ohne sich schon bald als willkürliche Anwendung von Gewalt zu erweisen, und als Austausch eines realen Übels gegen ein hypothetisches Gut.

Politik und »Gesellschaften« beruhen auf allgemeiner Unaufrichtigkeit.

Menschen der Gesetzeskraft

Ihre Kunstfertigkeit.

Die organisierte und nährende Zwietracht.

–

Von den Gesetzen

Gesetze verleihen dem, was nicht existiert, Handlungsgewalt. Ich habe unterzeichnet. Ich werde handeln müssen. Ich habe gezahlt, also bin ich Eigentümer. Vergangenheit und Zukunft gewinnen durch den Schriftakt Kraft. Jeder Augenblick gilt mehr, als er eigentlich wert ist. Ein Gekritzel ist zum schlaflosen Monster geworden – ein Gryphon![15] Fantastische Welt des *Rechts*.

Es gibt eine ganze Poesie und eine fremdartige Mythologie des Rechts. Die Hypothek. Der Knebelvertrag! Der *De Cujus*. Die Erbpacht.[16]

Ich hasse all jene Menschen, die nicht imstande sind, des Längeren vor einem Blatt Papier zu sitzen, sich in die Betrachtung eines Baums zu verlieren, so wie ich jeden seine Nase in SEIN »Journal« stecken sehe, sein Geist erhitzt durch das schreckliche Geschwätz und übelriechende Zeitungspapier, verdattert vor Inkohärenzen und obszönen Worten der »Politik«, leichtgläubig bis zum Ekel, gefesselt durch das unerschöpflich *Neue* der Neuigkeit und ganz unfähig, das unerschöpflich Neue des immerzu – und vor unseren Augen – Allgegenwärtigen wahrzunehmen …

Das in sich geteilteste Land weist die geringste Dummheit pro Kopf und die stärkste Dummheit (in) der Masse auf.

Gleichverteilung

Hass, Grausamkeit, Heuchelei, Dummheit, widerrechtliche Aneignung etc. sind kein alleiniges Eigentum einer Partei, Dummheit und Irrtum sind keinem Regime zu eigen (und sind darin alle gleich).

Irrtum gehört keinem System allein.

Die größte Partei versammelt die meisten Dummköpfe, und dies nicht nur, weil sie die größte ist, sondern auch, weil *sich Dummköpfe anziehen*, und zwar unvergleichlich mehr als Nicht-Dummköpfe.

Eine Regierung anzugreifen bedeutet immer auch, jede mögliche Regierung anzugreifen. Zu behaupten, dass eine gescheitert ist, heißt auch, dass alle scheitern können etc. Wer den König angreift, greift das Gesetz an, und wer das Gesetz angreift, greift den König an. Jede Partei, die nicht an der Macht ist, greift ihre zukünftige Macht an. Sie ist kriegstreibend und lehrt jeder Macht den Krieg.

Die Ansichten von Außenpolitikern, Diplomaten usw. sind gemeinhin niederer Art. Anders geht es nicht.

Politik ist (die Kunst), sich um das zu kümmern, [wovon *man keine Ahnung hat*][17]

Die Kunst, die Leute zahlen zu lassen, kämpfen zu lassen, sich zu beunruhigen – durch oder für Dinge, von denen sie nichts verstehen, die sie nicht interessieren, die sie sogar schockieren oder langweilen.

Die Oper, Tahiti, irgendein »Prinzip«.

Letztendlich wird man es vielleicht spüren, und dieses Gefühl wird der Anfang sein von der Zerschlagung jener allzu großen politischen Körperschaften, deren Übel (unter denen ein jeder leidet) gegenüber ihren guten Diensten schließlich überwiegen.

Gehetzt

Der Mensch wird heutzutage durch ein Übermaß offener Fragen *gehetzt*.

Diejenigen, die an der Macht oder daran beteiligt sind, verfügen über mehr Macht als nötig für das, was sie wissen und wissen können.

Frei[heit]

Es gibt Dinge, die nicht zu allen Stunden des Tages wahr sind, die auf wunderliche Weise wahr sind, sobald der Mensch allein ist und mitten in der Nacht erwacht; die angesichts anderer Menschen wahr werden und mehr als wahr angesichts einer Menge. Selten sind jene, die an denselben Wahrheiten zu jeder Zeit und in jedem Umfeld festhalten.

Diese sind von der Art solcher Körper, die keinerlei Verbindung eingehen.

»Humanismus«

Dieser Begriff bezeichnet nur das, was man genau im Augenblick will.

– Mithin sind es die vagen Dinge, die uns zu leben erlauben, denn weder das Sein des Menschen erlaubte ihm zu ertragen, was der Geist, der absolut ist, ihm aufzuerlegen in der Lage ist; noch würde sich der Geist bewahren, wenn er nicht ebenso inkonsequent wäre, wie er konsequent sein kann, und so beweglich und oberflächlich wie auch das Gegenteil.

Und wenn sich der Geist den Herausforderungen, wie sie ständig seinem Leib zusetzen, stellen müsste, und wenn er fühlen müsste, wie sich in jedem Augenblick seine Substanz auflöst und wieder zusammensetzt, was wäre dann mit ihm? Und wenn er dann sofort für sein Fehlverhalten bestraft würde wie der Leib!

Ein Mensch, der an das Gute glaubt und Böses tut, ist *schlechter* als einer, der über dem Guten und Bösen steht – das heißt, der in seinem Tun nichts anderes als Folgeerscheinungen aufgrund seiner Natur und der Umstände erkennt, und nicht Schöpfungen seines Selbst, die er in aller Souveränität jedes Mal geplant und gewollt hätte.

»Dem Reinen ist alles rein.«[18]

Der Mensch ist nur Mensch aufgrund einer kleinen Zahl von Menschen. Diese aber brauchen die übrigen, um das unaufhörliche Werk der Veränderung, der Nicht-Wiederholung zu bewerkstelligen und zu unterstützen, das, was den Menschen vom Nicht-Menschen *unterscheidet*.

Geschichte

»An die Existenz von Sanherib, Cäsar, M. Thiers[19] zu glauben übersteigt meine Kräfte«, sagte er. Das sind Lesefrüchte.

Wer sich der Geschichte hingibt, verliert sich in Vorstellungen ohne jede Hoffnung auf Bewahrheitung (denn die Verifikation eines *Faktums* allein aufgrund von Dokumenten lässt vieles offen über Art und Umstände dieses *Faktums* – und was wird hierbei aus diesem Faktum? – ein Extrakt ohne Substanz …).

Aber wer sich seiner Vorstellungskraft bewusst ist und dieses Bewusstsein dadurch verstärkt, dass er seine Vorstellungen schärft, sieht, wie sein primitiver Glauben an die Wahrheit seiner Vorstellung von etwas aus der »Vergangenheit« schwindet.

Geschichte verlangt, dass man das eigene Mitwirken an der Darstellung der Dinge und Lebewesen, von denen sie spricht, vergisst.

Grenzen teilen | trennen | Werte, die sich eigentlich ergänzen würden. Das Eisen, die Arme; die Lebhaftigkeit der Reflexion.[20]

Wenn du an etwas glaubst, so ist das Geben ohne Nehmen.

Es kann durchaus sein, dass du daraus Vorteile ziehst, und das machen wir alle. Alle unsere Handlungen verlangen, dass wir unsere Kraft irgendeiner Nicht-Existenz widmen.

Alle Funktionen des »Staates« gehen *wider die Natur*.

Was keine Kritik des Staates ist.

Geistige Tätigkeit ist der Feind des Staates.

Aber ihre Tiefsinnigkeit könnte sich durchaus mit dem Staat versöhnen, denn Gefahr entsteht erst mit der Verbreitung, und grundlegende und tiefschürfende Dinge verbreiten sich nun einmal nicht.

Die Existenz geistiger Produktion für den Geist ist in einem ganz *sozialistischen* System nicht möglich. Wenn dieses System jedoch bereit ist, die Produktion zu tolerieren (und sogar zu schützen – wie es manchmal geschieht), dann wird diese zum Sandkorn im Getriebe.

Unterricht[21]

Das Studium der Sprache völlig vernachlässigt.
Die Aussprache
Wörter – die Kritik der Autoren der Klassik
Syntax
Besonderer Sprachgebrauch
und philologische Hilfsmittel.

Die Anforderung an die jungen Leute, sprachlich das auszudrücken, was sie weder denken noch fühlen – Dinge außerhalb ihres Erfahrungsbereichs und fernab ihrer Neugier, – lässt sie nicht die Schwierigkeit erfahren, sich auszudrücken. Sondern sich *konformistisch* anzupassen.

Führungsstab

Einen Führungsstab des Staates und einen der Nation.

–

Nun, in Trotzkis Buch *Die Verratene Revolution*[22] entdeckt man deutlich den kritischen Punkt.

Wie kann man die Ungleichheit beseitigen und die Hierarchie trotzdem bewahren? Wie kann man erreichen, dass jeder ein gleich gutes Schicksal hat – angesichts der Ungleichheit von Begabungen oder anderen Qualitäten?

Bei den gegenwärtigen Verhältnissen sind die Faktoren der Ungleichheit ungeordnet; Geburt (Adel oder Erbschaft); Diplome; Ämter; Geld; Bekanntheitsgrad – Schönheit. Diese Unordnung hat sich seit 1789 verstärkt. Zudem besteht eine Unreinheit des Hierarchie-Status. Und dann noch die *Schreihälse* – von Jouhaux[23] bis zu S.A.R.

»*Credere, obbedire, combattere*«[24]
(an der Mauer eines italienischen Dorfs)
Die drei Befehle gegen den Geist.
Es fehlen aber die Ergänzungen
MIR und für MICH
Wer, Du?

Der wahre Spiegel der menschlichen Dummheit[25]

Dummheit wäre hier, etwas zu tun oder zu erleiden, was einen ohne Entschädigung belastet oder belasten könnte, sei es durch Nachahmung, sei es durch geistige oder körperliche Dummheit, sei es …

Es lohnt nicht die Mühe zu leben – das heißt *denken können* – wenn man – obgleich frei anders zu handeln – seine Gefühle in einer Partei oder einer Nation einsperrt – und *Gefolgschaft* leistet.

Unterricht

Bei diesem Thema vergisst man immer wieder, dass der eigentliche Unterricht wenig bedeutet neben all demjenigen, den in jedem Augenblick das Milieu, die Epoche etc. und insbesondere die Personen und zuvörderst die Lehrenden erteilen. Denn diese sind weit wichtiger als alle Programme etc.

Verachtung der Meinungen
Höchste Verachtung für »Überzeugungen«

Demokratie ist die Regierung der größten Anzahl, oder besser die Regierung unter dem direkten |häufigen| Druck der größten Anzahl || das heißt die Idee der größten Anzahl interveniert ständig in den Vorstellungen politischer Macht, was gut und schlecht ist. ||

Dies ist allerdings unter Berücksichtigung folgender Beobachtung zu bewerten:

1°/ *Die größte Anzahl* im Volk A hat nicht dieselben Eigenschaften, Reflexe wie die in B.

2°/ Die größte Anzahl in einem Volk von 10^7, von 10^8 Einwohnern spielt nicht eine solche Rolle wie in einem Volk von 10^4 oder 10^5 Einwohnern.

Vom Sadismus mit tugendhaftem oder edlem Antlitz

Das Vergnügen und die Erregung, die dem Richter die Macht des Urteils bereitet; dem militärischen Vorgesetzten, anzuschnauzen, zu strafen; allem oder jedem, was Befehle ausgibt, was Leid und Erzittern verursachen kann, seine Gewalt; und dies im Namen des Gesetzes, der Tugend, des Vaterlandes, der öffentlichen Ordnung, des Gemeinwohls – all dies gibt es.[26] Und diese Freude, durch das gute Gewissen verstärkt, unterscheidet sich durch gar nichts von jener, die der empfindet, der ohne soziale Rückendeckung oder Mythen andere leiden lässt, außer dass sie gefahrloser und perfekter ist.

Das »Volk«, die Wissenschaftler, die Heiligen kennen diese Freude gut; all jene, die »Gerechtigkeit« fordern, in höchstem Maße. Der *Pardon* selbst ist vielleicht nichts anderes als eine Komödie genussvoller Rache in tiefsinniger und raffinierter Form.

Schrecklich ist das Herz des Schwächsten. Wer »für Gerechtigkeit« oder »für den Glauben« leidet, hält eine Schlange mit grauenhaften Giften *in petto*.

Dem Menschen ist es sicher unmöglich, alles, was geschieht und was ihm durch andere angetan wird, einfach als ein Ereignis zu verstehen, in dem [*unvollendeter Satz*]

Sobald die Menschen erwachen werden,

sobald sie sich als Adam und Eva erkennen, nachdem sie zu Unrecht gegessen haben,

splitternackt

und sich sehr viel schöner finden als schuldig,

und nachdem sie dann alle ihre Glaubensanschauungen verworfen und sich als wahr erkannt haben werden,

wenn sie dann nicht mehr denen glauben werden, die so reden, als seien sie mehr als nur Menschen[(x)], als würden sie Vergangenheit und Zukunft kennen und wissen, was den anderen zukommt.[27]

[(x)] Die einen und die anderen.
Die einen, weil sie zu wissen vorgeben;
die anderen, weil man es ihnen abverlangt –
Überschreitungen der menschlichen Natur.
Doch vielleicht erfordert Zivilisation
diese doppelte Fälschung.

So etwa könnte man jedwede Unterdrückung von Freiheit und Unabhängigkeit des Geistes nennen.

Eigentlich gibt es nur zwei Tyrannen, der eine der Schmerz, der andere die Angst ... || Nein, der Zwang, seinem eigenen Körper gehorchen zu müssen – und die Stärke des Todesgedankens sind die natürlichen Tyrannen.

Sich wie jemand aufzuführen, der weder isst noch stirbt, kennzeichnet deshalb den *Narren* oder den *Helden*. ||

Ihre Fähigkeiten verbinden sich miteinander, bisweilen sogar recht subtil.

So stiftet die Vorstellung, ein Übel zu erleiden, zu suchen oder zu erzeugen, um ein anderes zu fliehen oder es zu vermeiden, Religionen und begründet Gesellschaften, Gehorsam und Glauben – an die Götter, das Volk, den König, die Medizin, die Wirtschaft, die Weisheit etc. und eine Menge von Opfern des Gegenwärtigen an das Zukünftige, des Sinnlichen an das Wahrscheinliche, des Wahrscheinlichen an das Sensationelle ...

Alle Übel dieser Welt, wie auch der Krieg, hängen von diesem Faktum ab, dass nämlich diejenigen, die Befehle erteilen, nicht deren Folgen erleiden.

An-archie bestünde demnach darin, keinen Befehl zu dulden, der nicht von seinem Befehlsgeber selbst erleidet wird, so wie ihn die anderen erleiden.

Der Tempel der Angst[28]

Angst ist der Ursprung von allem. Jedem seine Ängste: dem einen, ein Dummkopf zu sein; dem anderen, ein Hahnrei, arm, untertan, verdammt, ausgepfiffen, bespöttelt, krank, genarrt, fallen gelassen, anerkannt; fast allen die Angst, irgendwann tot zu sein.

Keine Gesellschaft ohne solche Ängste; kein Gott; keine Güter ohne die Übel, die diese Güter bedrohen.

Falls eine misslungene Soße ebenso viel wert wäre wie eine voll gelungene, welche dieselben Zutaten verlangte und ebenso viel Arbeit,

und falls ein schlechter Koch sich nicht von einem guten unterscheiden würde ...

Falls man sie aber unterscheidet, dann schlägt die soziale Soße um. Solche Unterscheidungen zu machen führt nämlich dahin, die eine der anderen ungleich zu machen und so dem Einen *mehr* zu geben, als dem Anderen *zum Leben* nötig ist.

So kommt es zur Ungerechtigkeit.

Eine »Ökonomie« ist keine »Gesellschaft«.

Moderner Irrtum – Marx[29] [*unleserliches Wort*]

»Gerechtigkeit« macht keine »Kultur«, denn im Grunde ist Kultur »Ungerechtigkeit« – wie die »Natur«.

Die Demokratie verleiht der großen Zahl die Macht.

Die kleine Zahl hatte für sich Kraft, als sie noch aus einer Wahl der Starken hervorging. Wenn nun diese kleine Zahl sich zunehmend mit Schwachen vermischt, wird sie doppelt geschwächt und unterliegt.

Die Starken sind jene, die erfolgreich und nachhaltig die Anderen wie Dinge zu behandeln die Macht haben und sich darauf verstehen.

Freiheit könnte das Paradies der Starken sein.

Die »Gerechtigkeit« befindet sich in keinerlei möglichem Einklang mit der »Kultur«.

Die Kultur (der *schöpferische Geist* und sein Bild | seine Ergänzung |, der *verstehende Geist* – haben das, was man »Kultur« nennt, als wachsende und entsprechende Variation).

Kultur entsteht also und wächst auf dem Weg der Ungleichheit, der Nicht-Gleichförmigkeit; es handelt sich um leuchtende Punkte oder um hier und da aus dem Boden sprießende Sprossen, die den Boden bereiten, etc.

Alle Sonderlichkeiten der lebendigen Natur – und eine langsame Veränderung des Ortes – etc. etc.

Aber die »Gerechtigkeit« ist ganz äußere Erscheinung, denn sie zwingt den Unterschiedlichen allen dasselbe auf.

Sie ist *cui que eadem* - und nicht *suum.*[30]

Sie achtet nicht auf Individuen, ohne sich zu verbiegen. Was von geringer oder großer Wichtigkeit ist.

Autorität

Autorität ist Macht, allein durch Befehl augenblicklich Befolgung zu bewirken || auf Kommando || entweder körperlich *oder* psychisch, das heißt *Glauben zu bewirken*. Sie braucht weder Kraft noch Beweise zu zeigen – so ist ihr Wesen || sobald Kraft dabei ins Spiel kommt, endet die Autorität, so wie das Gewicht beim Fall eines Körpers nichtig wird. ||

Sie ist umso größer, je weniger der Befehl ausgesprochen werden muss und je mehr der Gehorsam absolut und unbedingt ist, – »instinktiv«.

Die Autorität dieses Typs gibt es nur noch

1° in der Kirche – bis zu einem gewissen Grade … Hier gehorcht man nicht so sehr dem Oberhaupt als dem Mythos, der die Macht des Oberhaupts ausmacht,

2° bei den treuen Anhängern verschiedenster Parteien,

3° unter bestimmten Umständen oder bei bestimmten Gelegenheiten, bei einzelnen oder Gruppen von Individuen.

Aristokratie

Je edler ein Adliger, desto weniger ist er Monarchist.

Und die Vererbung des Throns schockiert ihn.

Die Feudalhierarchie ist vor allem eine Ämterhierarchie, die durch und im Hinblick auf lokale Umstände errichtet wurde – wie auch die Macht oft nur für vorübergehende Verhältnisse errichtet wurde.

Politische Naturgeschichte – *Morphologie*

Monarchie =

Demokratische Entwicklung einer Hierarchie in konvergenter Form - die auf Gleichwertigkeit des Einen – mit dem Volk, oder dem Gesetz – oder dem Staat hinausläuft.

Wenn man übereinkommt, die absolute Macht der Mehrheit zu übergeben, und wenn das Votum in m und $m+1$ aufgeteilt wird, dann hat dieser Eine die absolute Mehrheit. Er verliert sie sofort wieder.

Die egalitäre Lust, wie sie sich in dem recht schweren Fall von Beschwerden | Feindseligkeiten | der Frontkämpfer gegen die Offiziersstäbe manifestiert hat, ist eine Verkennung der Unterschiede der Ämter – rechtfertigt sich aber durch die Fehler, die in der Praxis gemacht wurden, etc.

Naturgeschichte
Die möglichen politischen Strukturtypen.
Um diese herauszufinden, siehe [...][31]

Eine Partei, die nicht an der Macht ist, führt sich immer absurder auf als jene, die an der Macht ist, denn Erstere will, kann aber nicht; und Letztere will *und* kann. Somit hat diese recht.

Revolutionen scheinen dadurch befördert zu werden, dass die Standesunterschiede |Situation|, kulturellen Unterschiede etc. zwischen oberen und unteren Klassen ziemlich gering sind. Sofern sie jedoch groß sind, hat man nichts als Aufruhr.

»Klasse« ist ein vager Begriff.

Unser Wissen reicht immer noch nicht hin, um in politischen Dingen *vernünftig zu denken,* weil hier allenfalls eine *Idee vom Menschen* ausgerufen werden könnte, sofern sie sich überhaupt versteigt, etwas anderes zu wollen, als eine Angelegenheit des Faktischen und der Notlösungen zu sein.

Bei der Wahl zwischen göttlichem Recht und der Erklärung der Menschenrechte[32] kann man nur mit den Achseln zucken.

Der Staat ist bei genauer Betrachtung eine Art Individuum, das für unsterblich gehalten wird, das alle ihm von der Macht übertragenen Rechte besitzt und nur solche Pflichten, die ihm die Macht anderer auferlegt, wohingegen das wirkliche Individuum Rechte und Pflichten hat, die definiert und vereinbart sind.[33]

Wie doch der *Fiskus* die moralische Kraft des Staates zugrunde richtet!

Er lässt millionenfaches schlechtes Gewissen entstehen.

Er macht den Staat zum Feind des Individuums.

Und dies steht proportional zur Nicht-Sichtbarkeit all der Vorteile, die der Staat dafür im Tausch zurückgibt.

Die Wechselbeziehung des *do-ut-des*[34] ist kaum wahrnehmbar.

Und diese Nicht-Wahrnehmbarkeit wächst mit der Ausdehnung des Staates und der Erweiterung seiner diversen Funktionen.

Derart bleibt die Steuer nicht einfach nur eine Kontribution, sondern wird zum Mittel des Regierens und der Veränderung der Gesellschaft. Sie verändert sogar die wirtschaftliche *Natur*. Bonus, Zulagen etc.

Im Zuge der Französischen Revolution wurde das Grundeigentum demokratisiert und schuldbelastet.

Die Landkarte Frankreichs in Kataster-Form würde das offenlegen.

Der *Code Napoléon*[35], ein Werk von Juristen.

Absolutes Eigentum – würde man monarchistisch sagen.

Nichts mit Weitblick.

Code Napoléon – Kaiserliches Geld.[36]

Code paysan[37] und Besitzergreifer »nationaler« Güter

Von 180. bis 18.. großer Kampf zwischen diesem Bauern und dem spekulierenden Industriellen.

Das Dogma des Grundeigentums.

Irrlehren – die Börse – Starke Mobilisierung von Geldern – die »eingebürgerten« Juden – Dekrete von 1806.[38] Die Eisenbahnen. Ruf zum Geld für Milliarden – und der erste harte Schlag gegen das Dogma: das Enteignungsgesetz von 1841 (Louis-Philippe).

Hier eine naive Bemerkung: In jeder Gesellschaft wird das Gute, das Schöne, das Wahre von einer *kleinen Zahl* Menschen als ihr Eigentum vereinnahmt (ebenso wie das Vermögen), man spricht dann von legal, anständig, korrekt, vernünftig, (in) Ordnung etc.

Von der ZAHL

Die Zahl sollte ein Hilfsmittel sein, nur ein Behelf.

Die Zahl beruht auf der Addition der Einheiten, die wiederum auf einer Identifikation der Elemente beruht, welche wiederum auf einer Überzeugung beruht: $A = 1$; $B = 1$; $A = B$.

$A + B = 1 + 1 = 2$, und so gibt es dann weder A noch B.

Wenn man von 2 Menschen spricht, so vernichtet man damit ein Individuum und ein anderes.

Mehr als ein Ich gibt es nicht.

Über Lehrmeinungen –

Eine Lehrmeinung mag ausgezeichnet sein, sie kann es nie so sehr sein, dass sie einen Menschen, würdig dieses Namens, völlig zufriedenstellen könnte. Und falls er auf den ersten Blick nicht den Knackpunkt dieser Lehrmeinung erkennen sollte, so muss er doch davon ausgehen, dass es diesen gibt, und er sollte sich seine Freiheit ihr gegenüber bewahren, denn ein denkendes Lebewesen ist immer eines neuen Gedankens fähiger als ein Gedanke ihm gegenüber || unter allen Umständen ||, denn der Gedanke ist immer an den Augenblick[39] gebunden, der Mensch hingegen verändert sich, wie auch die Dinge.

Unsere Vorstellung von *Zivilisation* bleibt uns dennoch ein Mythos.[40]

Man hat nämlich diese vage Vorstellung von jeder Art Beispiel oder konstruiertem Sonderfall losgelöst.

Zivilisation ist Kapital, Anhäufung.

Die »Revolution«

Wer trägt den Gewinn davon?

Die Bauern – die Geschäftsleute und die Gesetzeshüter.

Daher der niederträchtige Geist. DER GRENZSTEIN.

Das »Volk«

Gleichheit ist Bedingung dafür, dass die große Zahl sich ihrer Kraft bewusst wird.

Das gleichmacherische Volk zerstört unweigerlich die »Zivilisation«, die *Luxus*[41] ist.

Das kollektive Leben ist im Begriff, das individuelle Leben auszulöschen, und je größer die Anzahl der Individuen ist, die durch Bedarfsverbundenheit, soziale Verhaltensweisen und Gemeinschaftsübungen verknüpft und ihnen unterworfen sind, desto mehr wird das Individuum erniedrigt.

Wollen große Nationen möglichst schwache Individuen??

Aber die kleinen bekommen nicht immer die größeren.

»Mittelklasse«, also Leute, die nach zwei Seiten fürchten und verabscheuen – nach oben – und nach unten. Sie müssen gegen zwei *Fronten* standhalten.

– Es ist die Klasse, die ein *supra* und ein *infra* hat, und die schließlich sowohl auf die große Zahl der Einen wie auf das Glück der Anderen neidisch ist, *deren Zukunft wie auch deren Gegenwart sie nicht besitzt.*

Heutzutage ist sich niemand sicher, in was auch immer. Weder in seiner Lebenssituation noch seinen Kenntnissen; weder in der Wissenschaft noch in der Gesellschaft noch in deren »Gesetzen«.

Macht

Je mehr Macht man besitzt, desto deutlicher spürt man, wie viel Machtlosigkeit man bewahrt.

Der große Bruder L.[42], der allzu reich war, um seinen Tod selbst zu sterben!

Es gibt keine Regierung, die die Macht hätte, das Gesetz zu respektieren.

Die Macht befindet sich im ständigen Kampf mit den »Naturgesetzen«.

Revolution

Jede Revolution beginnt mit einer natürlichen und meist »vernünftigen« Bewegung und mit einem dieser Bewegung opponierenden Widerstand (oder einer Fahrlässigkeit), der nicht weniger natürlich, aber »unvernünftiger« beziehungsweise weniger erkennbar vernünftig ist.

(Denn auch das *Vernünftige* ist ein Eindruck!)

Einsicht gegen Zwang. Voraussicht gegen Druck.

Handlung mit klar *bestimmtem* Ziel – und die nur planbar ist, wenn diese Bestimmung leicht zu verstehen ist; *begrenzt* und mutmaßlich *von kurzer Dauer*.

Alles, was die zentrale Kraft bündelt und stärkt, ist also der Generator der Idee der Revolution – als Funktion ihrer Einfachheit.

Ebenso der Gedanke von geschriebenem GESETZ – von Legalität – wohingegen die Bräuche kontra-revolutionär sind.[43]

Immer wenn man einen Haufen Menschen für etwas anderes als ein recht niederes Tier hält, unterliegt man einem schnell erwiesenen Irrtum.

Wer also Werke großen Stils vollbringen will, der muss strikt an Individuen denken, – oder aber fest entschlossen das vielköpfige Tier zähmen.

Es ist unmöglich, »Politik zu machen« oder sich irgendwelcher Propaganda zu widmen, wenn man die anderen als *unseresgleichen* betrachtet, das heißt als einen nicht knetbaren Stoff – was wir für uns selbst ablehnen.

Man muss es also als eine Beleidigung auffassen, wenn uns jemand eine Meinung aufdrängen will mithilfe von Hilfsmitteln, die auf unsere Empfindsamkeit abzielen und uns zu packen versuchen über Wege, auf denen Eindringlichkeit, Überraschung, Instinkt oder Erinnerungen schneller sind als jede Analyse, und uns der Beweisführung und scharfsinnigen Überlegung entheben.

Geschichte

Alles, was ausgehend von »Geschichte« gedacht wird und gedacht werden kann, steht unter dem Zeichen WENN.

Das WENN ist die Ergänzung des Faktums.

Von daher auch die Suche nach den »Ursachen«.

Wenn die *Reaktionszeit* von Clovis[44] nur etwas länger gewesen wäre …

Nation ist Zweck oder *Mittel* – das Instrument *Nation* für dies oder das in einem bestimmten Kopf.

Man ist zufrieden oder unzufrieden, zu dieser oder jener *Nation* zu gehören.

Der Begriff »Volk«

Wird *Volk* Elite und Macht entgegengesetzt – steht es für das vegetative und reflexhafte Leben des gesellschaftlichen Ungeheuers – für seine Instinkte und Gliedmaßen.

Regierung *durch das Volk* erscheint demnach monströs.

Gesellschaft = Vielzahl von Individuen, zwischen denen verschiedenste individuelle Beziehungen möglich sind.

Zu diesen Beziehungen gehören auch Tauschvorgänge. Jeder Tauschvorgang beruht auf *Ungleichheit* der Ware und erzeugt *Gleichheit* der Werte.

Letztere ist augenblicklich – umstandsgebunden.

Volk, ein sehr vager Begriff von latenter Präsenz, wie der von Wasserdampf in der Atmosphäre, der gelegentlich kondensiert zu einer *Menge*, zu *Öffentlichkeit*, mit Phänomenen wie Druck in wörtlichem und übertragenem Sinne, wie *Gewicht* (nach allgemeiner Ansicht), wie Strömung und Sturzbach.

Nationen

Kritiken am Völkerbund (*Société des Nations*) wenden sich (ohne sich darüber klar zu sein) weniger gegen die gemeinschaftlich-bündnerische Idee als gegen die *Nation.*[45]

Die *Nation* wird vom *Nationalismus* angegriffen.

Von der »französischen Nation«, der »russischen Nation« etc. zu sprechen, bedeutet soviel, wie von Außen zu assimilieren, Fassaden in einer Straße oder um einen Platz herum zu errichten.

Aus solch einer Fassade kann leicht ein bestimmter Haufen, eine bestimmte Menge herausströmen.

Jeder »Eigentümer« hat seine Fassade, das Terrain dahinter ist jedoch recht verschiedenartig.

Das Wesen der Diplomatie besteht darin, das Schicksal der Völker von Aktionen abhängig zu machen, vergleichbar mit einer Partie Karten oder Schach oder mit Handelsgeschäften.

Falls eine ernste Angelegenheit mehr das Regime als das Volk berührt, und falls sie dann auch noch schlecht läuft, ist das Regime meist erschüttert oder verloren.

Falls sie aber das Volk berührt, – so überlebt das Regime oft das Scheitern.

Man muss also im Volk den Glauben schüren, dass die Angelegenheit es interessiert.

Wie hat man es wohl angestellt, dass das Volk die Kreuzzüge, die Erbfolgekriege »geschluckt« hat? und Napoleon ertragen.

Volk
Bei diesem Wort denke ich nichts anderes als: *Mischung.*

Mischung unterschiedlichster Individuen in großer Anzahl.

Statistisch könnte man diese Individuen dann auf vielerlei Weise ordnen, indem man aus dieser Mischung eine Auswahl trifft und sie nach diesem oder jenem Merkmal ordnet.

Wenn man etwa das Wort *Volk* durch folgende ersetzt: Anzahl, *Mischung* …

So kommt man zu seltsamen Ausdrucksweisen:

Die *Mischung* als Souverän; der Wille der *Mischung.*

Mischung: Geschlechter, Altersgruppen, Rassen (?), Temperamente, Körpergröße, Gewohnheiten, Fähigkeiten, Vergangenheiten, konventionelle Charakteristika, Bedürfnisse, Geschmäcker, Wünsche etc.

Das Wort »Volk« scheint mir überhaupt nicht verwendbar.

Es ist allenfalls … schlecht definiert verwendbar.

Solche Wörter erfordern eine »Atmosphäre«, einen Resonanzboden.

Im *Lautlosen der Einsamkeit* sind sie undenkbar.

Ihre Bedeutung ist nichts als ihr Wert im äußeren Sprechvollzug.

Sie scheuen die Leere.[46]

Ich bin »Pessimist« im Hinblick auf die Kultur etc., weil es unmöglich wird, Einzelgänger zu sein.

Demokratie.

Wahlen – Diplome, Zeitungen etc., ein weniger politisches als »physisches« Phänomen, das auf der *Massenidentifikation* beruht.

Politik

Könnte vielleicht so zu behandeln sein:

von der Vorstellung der zu bewegenden Menge als unterschiedslos angesehener *Individuen* her – die sich *ein Individuum* machen kann.

Korrelative Veränderungen.

Individuum ist jemand, der selber denkt und der notwendigerweise die anderen einschätzen muss als: entweder *für sich* oder *gegen sich* oder *indifferent*.

»Politische Wissenschaften«

Politik ist die Betrachtung unterschiedsloser Lebewesen in statistisch erfassbarer Zahl und mit unbestimmter Verlaufsdauer.

Sie *befasst sich mit deren Instinkten* – die befriedigt, abgestimmt, zusammengeführt oder beschränkt oder gegenübergestellt *werden müssen*.

Das Studium der Zusammenfügungen von Instinkten ist dabei grundlegend.

Es gibt keinen Staatsmann, der seiner Aufgabe gewachsen ist.

Denn sie steht höher als jeder mögliche Geist.

Sozialismus

Der Neid vor den Karren des Glücks gespannt.

Zerstörung der totalen Macht – ohne Anstrengung.

Zerstörung des Luxus.

Von daher kommt dann auch eine Verringerung von Perspektiven und von Idolfiguren[47] *jedweder Art* (die andererseits durch Herabsetzung und Verbreitung bei intensivem Verbrauch künstlicher Berühmtheit angegriffen werden).

Verantwortung ist effektiv oder nicht.

Effektiv? Dann ist sie eine physische Anwendung übermäßiger Forderungen an jemanden, deren Ansporn der Gebrauch des Ψ-Effekts[48] einer diesem jemand zugeordneten Handlung ist. Sie hängt also von den Kräften dessen ab, der diese übermäßigen Forderungen ausübt.

Die »Verantwortung«, ein Mythos, der – um seine praktische Wirkung hervorzubringen – wie eine automatische, für Handlungen unvermeidbare *Antwort* organisiert sein muss.

Jede Verzögerung ist für sie fatal.

Und politisch gesehen wird sie ertränkt durch die *Größe* der Nationen und durch die Menge der Teilhaber an der Macht und durch die vielen Dienstebenen, wie diese ja auch das direkte Wissen um die Beziehungen von Ursache und Folge ertränken.

Die Ära der Barbarei hat sich durch Herrschaft des Mittelmaßes erklärt.

Das Zeitalter der Zahl.

Große Auflagen – Zeitungen.

Die Presse

Meinungsfreiheit (oder Pressefreiheit) kann man sich nur ausgehend von *Fakten* nehmen, womit aber den *Fakten* einiges genommen wird und folglich die Nicht-Beweisführung, Fälschung, Weglassung, Verkleinerung oder Übertreibung der Fakten – die absichtliche Trübung des Wahren, des Wahrscheinlichen etc.,– gerade die Freiheit, Meinungen zu äußern, SIND.

Nationen.

Sind Personalisierungen – was zu Absurditäten führt.

– Rachsucht – Rachegefühle etc. Überheblichkeit in all den Dingen, die zu einer Glorifizierung führen, sobald sie etwas zur Gruppenbildung beitragen.

Der vage Begriff *Nation* wurde von zwei anderen angegriffen. Die *Klasse* – Marx, und die *Rasse* – Hitler.

Ebenso gegen den Begriff – jedoch notwendigerweise schwach, derjenige der »Intelligenz«.

Also:

Gesamtheit gleicher Lebensbedingungen

Gesamtheit gleicher Sprache und

Gebräuche?

Gesamtheit gleichen intellektuellen Ranges.

Daneben die historisch-faschistische einheitliche Gesamtheit.

Diese Neuheiten lassen die *konventionelle* und die vertragliche Natur des Typus *Nation* erkennen.

Denn: Nation = Verträge.

Völker sind umso stärker, je karger ihr Land ist.

Oder sie gehen im Elend zugrunde.

Europa verdankt viel den Temperaturen seiner recht ausgeglichenen Lage zwischen Dur und Moll. Aber was ist seine Oberfläche in Bezug zur Ausdehnung furchterregender Landstriche? Aber der Fortschritt macht schließlich Letztere fruchtbar, und das könnte für uns böse enden.

Mein Prozess mit den Jesuiten

Diese Patres haben, mit einem bewundernswerten Personal, ausgezeichneter Disziplin, eine große Sache – wie auch andere gute Gelegenheiten – in den Sand gesetzt.

Sie sind sicher nicht die Einzigen. Sie haben ihre Netze zu niedrig ausgelegt.

Der Orden scheint in Mittelmäßigkeit herabgesunken zu sein.

Sie haben die augenscheinlich Mächtigen und die Kinder der Mächtigen gesucht.

Sie haben Politik betrieben! anstatt Politik zu schaffen. Sie haben sich des Geistes bedient, anstatt ihm zu dienen. Ihm zu dienen, das hätte bedeutet, sich all dessen zu bemächtigen, was denkt. Das wäre ein großes Stück Arbeit für einen Orden.

Zum Beispiel: Sie haben aus der Erziehung ein unmittelbares Instrument gemacht, sie haben sich also ins Schlepptau der Universität nehmen lassen – anstatt die führende Rolle durch Intelligenz der Studien zu übernehmen.[49]

Von der Zahl

Durch die Zahl wird das Politische dem Kommerziellen angeglichen.

Die *Zahl* (in diesem Sinne) ist nicht einfach eine Sammlung von Einheiten – sondern eine durch Beziehungen verbundene Summe von Einheiten, die nur abhängig von diesen Beziehungen summiert werden können. Außerdem … [*abgebrochen*]

Der politisch-soziale Mechanismus bleibt für die Masse ein Geheimnis. Falls sie aber Zugang zu ihm gewinnt, vergröbert sie ihn notwendigerweise.

In der Politik nennt man die *kleine Zahl* dann *rechts*, wenn sie unterwegs zu einer gefühlten Verkleinerung ist.

Sie brütet dort »Ideen« aus, von denen einige zutreffend anmuten, alle aber absurd sind.

Es gibt keine Koordination-Anpassung zwischen dieser kleinen Zahl ohne Macht und ihren Ideen, die Machtbesitz voraussetzen.

Die Meinung von »mehr als einem Menschen« (>1) ist nur von materieller Bedeutung, die von dieser Zahl n >1 abhängt und nicht von der Meinung selbst.[50]

$I\,(\text{Meinung})_1 = \varphi\,(\text{Meinung})$

$i\,(\text{Meinung})_n = \varphi\,(n).$

Das wichtigste Wissen für einen Politiker ist das um die Leichtgläubigkeit, Unwissenheit, extreme Simpelhaftigkeit der Massen, um ihre naive Eingebildetheit oder Habgier, oder um die Ängstlichkeit und Dummheit der anderen – etc.

Auch die Unwissenheit der Hochgebildeten sowie deren Leichtgläubigkeit in Bezug auf das, was sie zu wissen glauben, ist keineswegs unwichtig.

Dieses Wissen muss geradezu instinktiv vorhanden sein. Es leistet nur dann gute Dienste, wenn man keine Anstrengungen machen muss, die Dummen als dumm und die Nicht-Dummen als schwach oder Gesindel zu behandeln.

Die Politik lebt von der Ungleichheit der Individuen – die sich unterscheiden in Lautstärke, Muskelstärke, Seelenstärke, in ihrem Appetit, ihrer Beharrlichkeit (Gewohnheiten), Leichtgläubigkeit, Courage, Kühnheit, im *Selbstvertrauen*.

»Intellektuelle«

Unmöglich ist es, lautstark zu schreien
und *man selbst* zu sein;
Unmöglich ist es, lautstark zu schreien
und *gerecht* zu sein.

Es ist schon schwierig, zu wissen *und* zu wollen.

Was man den »Durchschnittsfranzosen« nennt – ist der Prototyp der Bequemlichkeit.

Die Demokratie hat den großen Fehler, dass man *sich erklären* muss, womit man zum Lügen, zum Vereinfachen (die größte aller Lügen), zum Vergröbern etc. verleitet wird. Dieser Missstand besteht auch noch in den demokratisch begründeten Autokratien – ja sogar (wenn auch geringer) in der Regierung des Papstes.

Politik ist das Paradies der »intellektuellen« Reflexe.

Y ergreift Partei für Q weil X Partei für P ergriffen hat,

sodass P + Q = O.

Diese Null ist die eigentliche Wahrheit.

Demzufolge findet man auch die »Gründe«, weshalb X (oder Y) sich nie für »überzeugt« halten wird – denn das heißt: für besiegt.[51]

Über Politik

Politik ist die wechselseitige Handlungsweise des *Einzelnen* mit der *Mehrzahl*, der *geringen* mit der *größten Zahl*, der *großen Zahl* mit der *großen*.

Das heißt alle Beziehungen, in denen N (N = große Zahl) auftritt.

Sobald diese Handlung »Fähigkeiten des Geistes« ins Spiel bringt, die zur Veränderung der Anzahl eingesetzt werden wie auch zum Erreichen *spürbarer* Ergebnisse eben dieser Handlung, die sich dann durch äußere [reale] Handlungsakte kundtun.

– Diese Ergebnisse können durch den Glauben, dass diese Akte *vermittels eines Zeichens* entstehen, ersetzt werden.

Die Freiheit Ψ ist Mangel an Voraussicht.[52]

Sie schließt das Erkennen von Konsequenzen aus, und selbst die Möglichkeit, sie zu erkennen.

Unvorhersehbarkeit

Was ich über die wachsende Unmöglichkeit des Vorhersehens geschrieben habe, ist schwer verständlich zu machen.

Diese Unmöglichkeit resultiert fortan nicht aus dem Mangel an hinreichenden Daten (Informationen) im Zusammenspiel mit der – begrenzten Fähigkeit der hellsten Köpfe, sondern aus der Natur der Dinge, und die Schwierigkeit besteht eben darin, dass wir uns schwer vorstellen können, dass ein bestimmter Zustand eines Systems von Dingen – *die sich auf einem wahrnehmbaren Niveau erhalten* – nicht denkbar (vorhersehbar) sei mittels einer bestimmten mentalen Transformation oder geistigen Tätigkeit, die über einen früheren Zustand desselben Systems ausgeführt wurde.

- historische Mission
- »natürliche« Grenzen
- Revolutionen
- Ordnung.

»Diktaturen«, und sie beklagen sich noch darüber![53]

Aber wer hat denn den Begriff des Staates ins Absolute gewendet? Und braucht nicht auch Marx den absoluten Staat? Ebenso wie Ludwig XIV.? Dies alles auf den Weg gebracht traf dann auf die Schwester-Idee – die *Nation,* und dieser Gott und diese Göttin sind dann ein Bündnis eingegangen …

Revolution – Idole

Der Glaube, dass man die Dinge glücklich durch eine Gemeinschaftshandlung verändern kann – die Gemeinschaft selbst verändern, und zwar schnell – das wäre eine Schock-Methode, der ich jedoch die *Ausübung eines Drucks* vorziehe.

Den Rechten hat es immer am erforderlichen Geist gefehlt, um den Eindruck zu erwecken, dass sie Herz haben. Die Linken können weder aufbauen noch bewahren.

Während 80 Jahren hielten die Europäer Elsass-Lothringen für ebenso groß wie China, und China so groß wie Elsass-Lothringen.

Aber diese Perspektive gibt es nicht mehr in der Politik.

Bismarck betrachtete Afrika als sehr viel kleiner als Österreich.[54]

Und sowohl Kanada als Sibirien erscheinen aus Sicht Europas nichts als ausgedehnte Weiten.

10 Jahre erschienen … [abgebrochen]

Es war schwierig geworden, ernsthaft feierlich zu sein.

Das heißt, mehr als ein Mensch zu sein – ernsthaft. Blieben nur die Priester. Die Richter. Kostüme etc. Latein. Die Pastoren sind lächerlich, über Gott im Jackett zu predigen – keinerlei Atmosphäre.

– Eine Renaissance der Feierlichkeit.

– Die Diktatoren – dank ihrer Gewalt.

– Wer Macht zu töten hat, verleiht
jeder Komödie Ernst.

Die Vernunft (das ist eine gewisse Art über einen bestimmten Zustand nachzudenken) wäre machtlos ohne vielerlei Aberglauben, der ihr als Hilfsmittel dient … || und unter den allerstärksten Aberglauben findet sich derjenige der Vernunft selbst ||

Derart, dass eine bestimmte Verbindung der beiden, oder eine Proportion, der bestmögliche Fall ist.

des Menschenbilds (allgemeine Vorstellung) seit 2 Jahrhunderten.

Unter *Menschenbild* verstehe ich das Reaktionsbild. Das Bild, dessen man sich nicht zu schämen braucht, das öffentlichen Wert hat – das man öffentlich zur Schau stellen muss (und das nicht einmal eine *Idee* ist). – Von daher Gerechtigkeit, Wahrheit, Menschlichkeit etc. etc. Gesunder Menschenverstand, und »Brot« (Grundernährung).

Revolution vollzieht sich zugleich mit einem Wechsel des Menschenbildes. Und zwei (entgegengesetzte) Faktoren künden sich an: der *gleiche, freie* Mensch etc. und der *Massen*mensch – »Arbeit« –

Bemerkenswert ist, dass die Individuen, die in der Masse freier, gebildeter, gleicher in ihren Rechten geworden sind, auch mehr Ähnlichkeiten aufweisen, einander mehr nachahmen, mehr gezwungen sind, das gleiche Leben zu führen – auch austauschbarer sind –

(Von daher rühren auch einige lebhafte, doch sehr vereinzelte Reaktionen in der Kunst).

Kraft und Lebenskraft,
zwei Methoden.
So wie Frieden und Krieg.
Frieden ist Handlung durch Kräfte –
(Zwänge, Gleichgewichte)
Verlagerungen von Gleichgewicht.
Krieg = Lebenskraft und Schock.

Presse

Man durfte alles sagen. Doch es wirkte schon recht bald nicht mehr.

– Die erfolgte Wirkung schien nun von einfachen Gesetzen abzuhängen, die der proklamierten Sache völlig fremd waren.

Der Laut, in einem Raum ohne Widerstände erzeugt, existiert fast nicht; der Laut, der im Wettstreit mit extrem vielen anderen und in unterschiedlichster Frequenz produziert wird, existiert noch weniger.

Man musste also die Wirkungen verstärken – vervielfachen. (1840)

Presse, Rundfunk, Film führen zum Niedergang der Kultur.

Und ebenso alle Mittel der Zerstreuung, die auf Intensität und Angeberei hinauslaufen.

Sie werden übrigens alle von politischen und kommerziellen Zwecken geleitet. Politik und Kommerzialisierung | Wirtschaft | sind *statistische Größen*, somit Feinde der Kultur.

Die Gegenmaßnahmen durch diktatorische Regime sind andererseits gegen die heterodoxe Kultur gerichtet.

Die grundlegenden Bezeichnungen, die zur Beschreibung und zur geistigen Verbindung politischer Phänomene in großem Maßstab dienen, sind unscharf.

– Nation – Staat – Volk – Regierung.

– Personifikationen – Substantive.

– Positive Daten = Territorium – Sprache.

– Anzahl – Verfassungsgesetz – Gesetze

Jede Partei verlangt Glauben.

Jeder Glaube = Zwang –

= Einschränkung –

Glaube ist Hinzufügen von Handlungsgewalt, Widerstand etc. zu einer Formel, die *nicht* von der Formel *abhängen*, nicht aus rein Mentalem stammen; sondern aus Außer-Mentalem, da in ihnen nichts waltet, was mit Geist zu tun hätte. Verwirrung, Wert-Adsorption, magische Formel.

Politische Zauberei.

Die »politische Wahrheit«
(ein sinnloser Ausdruck).

Die Idee der »Wahrheit« *um jeden Preis* entstand in einigen Köpfen, die sich in der Regel durch vermindertes Denken und gesteigerte Geschwätzigkeit hervortaten.

Auf diese Weise vorgebracht und zweckdienlich geadelt, ist sie umgehend verwendbar gewesen – und verwendet worden.

Eine schreckliche Waffe – die zu tiefen Einschnitten in die Komplexität der Situationen taugt, deren Ausmaß man nicht vorhersehen und nicht begrenzen kann.

Die gleiche Beobachtung gilt für »Gerechtigkeit«.

Verdummung

Jede Gesellschaft erfordert eine Einengung oder Nichtentwicklung, ja sogar eine Unterdrückung des freien, umfassenden Gebrauchs des geistigen Vermögens. Bildung von Verbindungen, Gegenüberstellung der Ausdrücke mit den Beobachtungen. Handlungswerte. – Und zuletzt: äußeren Ausdruck.

Eine Gesellschaft ist eine Funktionsweise auf mythischer Grundlage – und erworbener Reflexe.

Der Typus *Armee* ist eine Grenzform. Das ist eine höchst vereinfachte und zusammengeschmiedete Gesellschaft.

Der Typus *Familie.*

Etc.

In all diesen Fällen sind die anwesenden (präsenten) Werte abwesender Dinge und die realen Wirkungen imaginärer Gründe erforderlich.

Die Dummheit belauert die Tyrannei, weil der Tyrann – also etwa ein Mensch, Formeln, die Kaste oder die Versammlung – unweigerlich alles, was es an »Intelligenterem« im Anderen gibt, gegen sich aufbringt; und diese Irritation der Intellekte bringt es immer dahin, alles, was sie stört oder zur Komödie zwingt, in Dummheit zu verwandeln.

Mehr als ein Regime unterlag dem Monolog, den geheimen Gedanken, der zurückgehaltenen Kritik.

Im Zeitalter des aufrichtigen Glaubens war deshalb die Beichte ein gutes Mittel der Konsolidierung des herrschenden Systems.

Das Recht

Die Verfassung des Rechts als Quasi-»Wissenschaft« beruhte darauf, *secundam logicam verborum*[55] eine Vielzahl von Arten zu analysieren – und allgemeine, mit dieser Logik konforme Lösungen zu liefern. Etc. Von daher eine Terminologie von »Prinzipien« – etc. etc.

Auf diese Weise wurde ein Universum des Rechts aufgebaut – in dem sich nur die Eingeweihten in bequemer Annehmlichkeit bewegen wie Musiker im Universum der Töne.

Recht ist die Einwilligung, die Y von X zur Gewalt des Handelns bekommt, des Veranlassens oder auch des Unterlassens einer bestimmten Handlung,

1° sofern dieses Agieren, dieses Handeln und Y den besagten Bedingungen unterliegt, durch das Stärkste und *Beständigste* in einem Raum-Zeit-Wirkungsbereich mit variabler Bevölkerung (X)

2° sofern X in der Lage ist, das, was diese Macht absichert, zur Verfügung zu stellen.

Macht

Macht wurde zu Recht als etwas Erhabenes, als gefürchtete, übermenschliche Bürde angesehen; wer sie übernahm, musste sich als ein heiliges Wesen fühlen, als Opfer und Oberpriester zugleich – gehüllt in Linnen und ein einzigartiges Priesterornat, verschanzt abseits der übrigen Menschen, zitternd und andere erzittern lassend. Allein und Volk in einem zugleich.

Ereignis und Dauer schulternd

Ich, der Unterzeichnende –
melde mich zur Stelle etc.

Geschichte und Politik

Ich hasse die Parteien – wenn sie als Propheten auftreten.

Es braucht schon viel Ignoranz, um in der Politik und allen sonstigen Lebensbereichen Vorhersagen zu machen.

Die Geschichte begünstigt dies, weil sie die Ignoranz der Vergangenheit kaschiert.

Selbst die vollständigste Geschichte liefert nur 0,00001 % des beobachtbaren Wirklichen – und das mittels allergröbster Ansichten – der Rest wird verschleiert.[56]

1840. Parteinahme

Ich betrachte dieses Datum als »kritisch«.[57]

Eisenbahnen – das Kapital wird den kleinen Vermögen entnommen – oder Börsen.

Der Beginn einer offensichtlichen und zunehmend ungezügelteren Bewertung aller Dinge in *Geld*.

Genau das ist erklärter Kapitalismus.

Beurteilung dieses Phänomens ohne vorgefasste Meinung. Analyse.

Der Einheitswert.

Macht.

Und was dem widersteht. Die gesamte poetische Mystik 1860 wird zu einem Widerstandspunkt – wird dadurch geweckt.

Diese Reaktion der Epoche nun gegenüberzustellen.

Der Historiker sieht nur, was er gewohnt ist zu sehen (und falls ein Mensch auf den Gedanken kommt, alles ein wenig anders zu betrachten?), zu sehen – das heißt *zu lesen*,

Er sieht nur das, was er *liest*.

Man sollte also das *Lesen* und seine möglichen Wirkungen erforschen.

Austausch zwischen dem Renommee der Kunst der Literatur seiner Zeit und der königlichen Person.

Rolle des Hofes –[58]

Das Künstliche – und das fabrizierte Ideal –

Das Antike und das Katholische – eine Verbindung des 15. Jahrhunderts (wie schon im 11. Jahrhundert)

Der regelmäßige Vers ist natürlich –
aber seine Strenge ist es nicht.

Relligio // negligens.[59] [*sic*]

Theorien

Der wahre Wert von »Theorien« ist nicht ihr theoretischer Wert. Sondern die realen Auswirkungen.

Freiheit, Gefühl und der Wille, sie zu erproben.

Die Franzosen verachten sich, ohne es sich eingestehen zu können. Und sie verstehen nicht, dass sie *in intimo corde*[60] gezwungen sind, sich zu verachten. So sind sie an dem Punkt angelangt, an dem sie sich nun befinden, weil sie weder gut zu zerstören noch gut zu bauen wissen – und aus anderen Gründen, von denen einige außerhalb jeder Beobachtung und des menschlichen Handelns liegen. – Mischung – Phase?[61]

Die politische und soziale Intelligenz der Franzosen ist erstaunlich.

Denn sie wollen etwas, ohne aber die damit verbundenen Bedingungen zu wollen. Sie zahlen ungern dafür, etwas zu erhalten oder zu behalten.

Deteriora[62]

Die Modernen, oder der *pöbelhafte Geschmack*
am maßlos Exzessiven
am Superlativen (*the most* –)
am Intensivsten
am Schnellsten
an der Zahl
am Ähnlichen
am Einfachsten, Vereinfachten
am »Lebendigen« als solchem –
ganz roh etc.

All dies muss entziffert und in die verschiedenen Charaktere und Charakterzüge des Lebewesens übersetzt werden.

Ambroise oder der Erstaunte

(oder: das neue Naturkind)[63]

Ambroise hatte den Namen Ambroise erhalten. Mit welchem Recht, so fragte er sich, sobald er sich bewusst wurde, einen Namen zu haben – und ein Name zu sein, mit welchem Recht hat man mir einen Namen gegeben? Ich fühle mich nicht danach, einen Namen zu haben. Hätte man mich wenigstens gefragt! Und nun ist es mir sogar verboten, diesen Namen zu wechseln – der aber doch mein Eigentum (wie man mir sagt) sein soll.

So also begann seine Karriere mannigfachen Erstaunens. Er fiel von einer Überraschung in die nächste, und sein Geist fühlte sich wie ein Gummiball, der über die Stufen einer Treppe geworfen wurde.

Ein echter Politiker zollt keinerlei Aufmerksamkeit den gewöhnlichen Leidenschaften. Eifersucht, Rachegefühle weist er von sich, und für ihn spielen Individuen – vor allem er selbst – keine Rolle.

Mit Bedauern erkennt man, dass auch ein kluger Kopf wie Napoleon sich allerlei unbedeutenden Dingen widmen musste wie Kaiserreichen, Donnerschlägen | Schlachten | und Auswirkungen – sich mit … *den anderen* befassen anstelle von … was?

Aber er glaubte an die Geschichte, den Ruhm, die Nachwelt, und er sah nicht, dass es um etwas ganz anderes ging –

den Menschen ganz einfach dorthin zu führen, wo er noch nie gewesen war – zum Äußersten eines Kampfes mit der »Natur« – was mehr als eine Religion schon im Voraus spürte, was alle Despoten in großen Umrissen entworfen haben, was jede »Zivilisation« an sich bedeutet, was jede Wissenschaft ausbrütet, was jede Poesie (insofern sie im Gegenzug die *Natur* allzu »materiell« in unseren Augen, allzu »unvollkommen«, allzu »eigenartig« etc. macht) hervorruft – vorausgesetzt, dass die Musik *genauer Ausdruck* von etwas sei. Aber dieser Appell, diese Perversion oder Ablenkung, ist immer falsch verstanden worden, falsch *ergänzt* (*am heimischen Herd*) durch die Entstehung eines Bildes oder einer Benennung, die aus dem *Zurückliegenden*, aus Geschichte oder Traditionen, hervorgekramt wurden.

Bemerkenswertes Beispiel: Versuche, *neue* Phänomene auf die bekannte Physik der Mechanik zurückzuführen.

Energetik – Relativität – Wellenmechanik. Wahrscheinlichkeiten.[64]

Freiheit ist ein Gefühl,
das heißt eine Empfindung.[65]

Geschichte. Chronologie

Gegeben sei ein … historisches Datum! (so als ob alle *Daten* …)

Gegeben sei 810 oder 1780 – dieses Datum (also eine Zahl) zu bestimmen, ist schon eine Präzisierung.

Worauf antwortet diese Präzisierung?

Es ist eine Ordnungszahl – wie auch die folgende: In welchem Band findet sich welches Gedicht?

Polis[66]

Diktatur ist die Regierungsform, die der Vorstellung entspricht, die jeder Geist spontan erzeugt als Antwort auf das Chaos öffentlicher Angelegenheiten und die Auflösung des Staates.[67]

Die einzig vorstellbare Regierungsform: vom *Ich*[68] auszugehen.

Geschichte

Die wesentliche Bedingung der Geschichte beruht auf ihrer Ausdrückbarkeit in *naiver* Umgangssprache.

Demzufolge ist *alles Geschichtliche sprachlich* und somit kann man Quasi-Fakten, Nichts-als-Sprache ohne Gegenwert annehmen (wie etwa die Renaissance etc.), ebenso wenig regelhafte, von der Beobachtung abhängige Verfahrensweisen.

Und diese Art Vorstellung wird für *wahr* gehalten! Und was sie denn so *bewahrt*.

Das Problem der Beziehung von Geschriebenem zu den Beobachtungen.

Zu sagen *Dies hier ist ein Faktum* bedeutet mehr zu sagen als *Es ist ein Faktum.*[69]

Es bedeutet, *Wichtigkeit* zuzuordnen – das heißt *Dies* ist nicht nur ein Faktum inmitten anderer Fakten. Es ist ein Faktum, das einer ∞ Menge anderer Fakten gegenübersteht – denn es gibt ebenso viele Fakten, wie es Augenblicke und Blicke gibt.

Diese Wichtigkeit kann auf Objektivität zurückgeführt werden.

Eine »Nation«, ein Staat brauchen *Nicht-Egoismus* – von Seiten der Individuen, der nur künstlich sein kann – und *Anti-Egoismus*, der in manchen Fällen ausreicht und auf Furcht beruht – er ist ein *Pseudo*.

Wenn man die Künstlichkeit durch politisches Manövrieren zerstört und die Furcht zum Verschwinden bringt, gibt es nur noch Individuen, und das erste Bedürfnis der Gruppe bleibt unbefriedigt.

Völker sind eigentlich Tiere – und manchmal auch Kinder (vernünftige, monströse, perverse etc.)

Diejenigen, die sie »regieren« wollen, das heißt die es zu tun glauben, machen sich notgedrungen ihnen gleich.

Niederträchtigkeit der Bauern. Die Erde erniedrigt sie und zieht sie an.

Und jene der Literaten. Missbrauch der Sprache: Der Geist wird zur Schmeißfliege.

Politische Freiheit

Wenn das Befohlene, Verbotene oder Erlaubte, oder das von der öffentlichen Gewalt Geforderte begrenzt und durch Gesetze festgelegt ist und diese Gesetze selbst *ausdrücklich* von der Mehrheit gemacht oder angenommen sind. …

Freiheit des Geistes

Ein wirklich starker Mensch im Geiste würde sich immer dafür starkmachen, den Hang zum historischen *WENN* zu unterbinden, der ein nutzloser und absurder Naturimpuls ist.

Ein Mensch – Geist – würde sich dafür starkmachen, nie eine Meinung für etwas anderes als eine Meinung zu halten.

System der gegenwärtigen Welt

- In einer »endlichen« Welt $S + \alpha = S$
- In technischer Gleichschaltung (Mächte)
- In Entpersönlichung und virtueller Kommunikation[70]
- In zum Teil historischem Zustand,
  || von daher rührt diese
  Einteilung: A = Nationen → Rassen
  B = Klassen → Parteien ||

und theoretisch zum anderen

- In zahlreichen Koexistenzformen (von denen der Rassismus eine *antagonistische Konsequenz* ist)
- In physisch-ökonomischen Abhängigkeiten
- In beträchtlichen Neuheiten[71]
  - Technik
  - Ausstattung von Regionen
- In Ψ und φ Verbindungen[72], die immer enger und immer schneller werden –

Von der Menge an »Konvention« – das heißt an *anspruchsvollen* Übertragungen durch Zeichen, die in die Begriffe Eingang finden.[73]

Die Quote an Unverifizierbarem –
Das Verifizierbare auf Zeit $v = \varphi\ (t)$
Das Verifizierbare mit der Bedingung $v = \varphi$
[*unleserlich*]

Die Gesellschaft und das persönliche Leben lassen im Individuum fiktive – oder vorgetäuschte Wichtigkeiten entstehen und bürden sie ihm auf.

Zwänge und Handlungen, ohne reale Stachel der Sinnlichkeit.

Wahren Wert einer Erkenntnis nenne ich den Ausdruck, der sich dann ergibt, wenn man in dessen Aussagen (*énoncés*) durch *absolute* Definitionen (das heißt durch ein direktes geistiges Können – die sich dort einstellenden Termini ersetzt – derart, dass all das in Erscheinung tritt, was wir dieser Erkenntnis liefern und ihr abschlagen können, ohne dabei weder gegen die Vernunft noch gegen die Beobachtung zu verstoßen). So wird in Erscheinung treten, was wir ohne unser Wissen an Willkürlichem einbringen – etwa eine Menge von Konventionen, die für Notwendigkeiten des Geistes oder für Naturgesetze gehalten werden.

Dies sieht man sehr deutlich bei den *Existenzfragen.*

Andererseits erlaubt dieselbe Methode, Transformationen zu bewerkstelligen, die man sich nicht hätte vorstellen können.

Kritik an der Chronologie. Geschichte

Die Chronologie verfälscht.

Sie ist so beschaffen, Elemente zu ordnen – Ereignisse als ›*vorher*‹ und ›*nachher*‹ auf einer als sinnvoll erachteten Linie.

Dabei haben wir von ›*vorher*‹ und ›*nachher*‹ nur einen Begriff, der so etwas wie ein *vom Augenblick geliefertes Selbes* erforderlich macht.

Karl der Große *nach* Cäsar?

Man führt also ein Selbes *nach und nach* ein – so wie man eine Kurve durch eine gestrichelte Linie quadriert.[74]

Cäsar braucht Salomon nicht zu kennen, wie umgekehrt Salomon Cäsar nicht. Aber die Geschichte kennt beide und verfälscht sie somit.

Falls ein Film beschleunigt, verlangsamt läuft etc., so geschieht das immer auf Kosten von etwas anderem.

Es gibt die Unmessbarkeit von Elementen – reale Beobachtungszustände.

Illusion – man kann historisch nur von einem Punkt aus sehen.

Das Dekor muss aus Pappe sein, wenn der Beobachter den Standpunkt wechselt.

Meine Kritik besteht nur darin zu prüfen, was man denkt, wenn man Geschichte denkt – und die Konsequenzen dieser Denkweise.

Geschichte ist von Individuen nicht unabhängig, denn was in der Geschichte von ihnen unabhängig ist, ist unbedeutend.

Toxisch ist sie, weil sie *Stimulans* und nicht Nahrungsmittel ist. Das heißt, was sich nur in Simulation und Imitation umwandeln lässt.

LUDWIG 14.

Er hat die Entwürdigung der Adeligen und die Erniedrigung der Gelehrten auf die Spitze getrieben;

er hat die Zerstörung des lokalen Gemeinschaftslebens betrieben, wobei die Ämter von Versailles und Paris jedwede Initiative an sich gerissen haben; ein ganzes Volk von geschickten, arbeitsamen, handwerklichen Menschen hat er verfolgt und verjagt, sodass sie mit ihren Begabungen und mit ihrem Groll fortzogen;[75]

er hat absolut unnötige – und letztlich
katastrophale Kriege geführt;
er hat England auf den Meeren hingegen
erstarken lassen …
er hat Heuchelei und geistige Mittelmäßigkeit angeordnet;
er hat ein Parade-Bauwerk bauen lassen,
dessen Gärten bewundernswert sind.

Bei seinem Tod Trümmerhaufen und großes Aufatmen. Frankreich war ruiniert.

Und kein einziger Bischof protestierte gegen seinen Lebenswandel.

Man kann es auch durch Umkehrung definieren – durch das, was folgte:

Revolutionen – die nun möglich wurden.

Aber letztlich hatte er wirklich großen Stil.

Er führte die Perücke ein.

Eine verallgemeinerte, durchorganisierte Niedertracht.

Geschichte

Wir können uns auch des Begriffs der *Ereignisse* bedienen

– davon auch weitere hinzufügen –

im Nachhinein.

Denn Ereignis = eine *Beobachtung* + [*unleserlich*]

Aber offensichtlich hat kein einziger Historiker über diesen Begriff nachgedacht.

Im Übrigen kann er gar nicht anders, als mit dem vorgefundenen Berichteten Vorlieb zu nehmen.

Die Geschichte vergisst alles Imaginäre.

Zum Beispiel den Aberglauben – den heiligen Wert der Königswürde im Jahre 16..[76]

Unterricht

Heiliger Schrecken vor der Natur.

Dies jedoch entsprechend dem Nationalcharakter.

Gleichgültigkeit gegenüber dem Rhythmus.

G[eschichte]

Geschichte kann sich nur in *unmittelbaren* Eindrücken und Beobachtungen von Individuen auflösen; in Übertragungen durch Individuen und schließlich in Aufsätzen, Zusammenfassungen, Fälschungen und Arrangements durch Individuen; solcherlei *Werke* sind letztlich Erregungen von Individuen, ohne Rückgriff auf die echten Quellen und ohne Beachtung dieser Struktur durch Zeichen und Momente.

Neue Ansichten etc.

–

Fatales Anwachsen universaler Dummheit. Großes Thema.

Vielleicht bleibt uns nichts anderes übrig, als die Pille des verachtenswerten Übergangs vom autistischen Individuum zur einfachen Einzahl in einer Zahlenmenge zu schlucken?

Die Geschichte des *Individuums* durch die Zeitalter hindurch und der verwendeten Mittel, es darauf zu reduzieren, lediglich in Verbindungen aufzutreten –

Von der Hierarchie – etc. Gleichheit etc.

All dies sind Antworten auf die nicht gestellte Frage vom Menschen: *Quis ego sum*?[77]

Und das ewige Problem der »Gesellschaft« – gesellschaftlicher Druck.

Illusion des Selbst. Das Ich ist ein optischer Effekt.

Politische Freiheit ist eine Einschränkung der Souveränität (der Fähigkeiten seiner Kraft), diese Kraft liegt im Volk.

Sittliche Freiheit – Einschränkung der Souveränität von *präsenten* Empfindungen und Einbildungskräften – die nach ihrer beständigen Natur zu handeln erlauben würde. Der Augenblick würde derart beherrscht werden und das Lebewesen wäre etwas anderes, als es im Augenblick selbst ist.

Unsere Zeit

Todeskampf des Individuums gegen die Zahl.

Früher repräsentierten die Traditionen noch die Zahlenmenge – und die Religion.

Heute: Printmedien – die Autos (dies [*unleserlich*] unter der Maske des Individuums).

– Uniformismus – Zeitpläne

– Gewerkschaften – Nationen – Staaten

– Stimmrecht

– Wie das *messen*?

– Identifizierung.[78]

Staat

Bei der Funktion der *Justiz* ist das Wichtigste, den Eindruck von Unabhängigkeit zu vermitteln, und zwar bezüglich der Meinung, der Macht, der *Personen* und sogar der Gesetze – sobald die Umstände deren Mängel erkennen lassen.

Einer der heikelsten Punkte ist die *Transparenz* von Prozessverfahren und wie alle Gesetzesvertreter unterstützt und kontrolliert werden können.

Die Gewandtheit eines Rechtsanwalts oder Rechtberaters, sein Rat darf keine Auswirkung haben.

Der »*Prozess*«, ein rein sprachliches Verfahren.

Die präsumierten Funktionen des Staates
Ordnung – Wohlstand – äußere Sicherheit
mögliche Quantität
wahrscheinliche
Voraussicht …
Ordnung – Rolle der *fiducia*[79] – das Recht.

Zwei Arten von Systemen verbieten es dem *Geist*, bei der Verwaltung und Verbesserung öffentlicher Angelegenheiten mitzuwirken.

Dies sind solche Systeme, in denen

- es nicht möglich ist, alle Probleme vorzubringen
- es nicht möglich ist, für Probleme eine rationale Lösung zu finden
- es möglich ist, das Affektive mit dem Objektiven zu vermischen.

Von daher eine Aussonderung – das Augenblickliche – 3 Erfordernisse oder öffentliche Funktionen,

- der permanente Leistungsbereich – (Atmung, Ernährung),
- die Parade bei Ereignissen (Polizei, Justiz),
- die Voraussicht: *auf lange Sicht* – Gesetzgebung.

Und korrelativ dazu

- genaue Darstellung des Ist-Zustands der Dinge
- Darstellung der Ressourcen.

Europa = Trennung der Wissensbereiche[80]

Geschichte. »Der Mensch ist immer derselbe.«

Ein Mensch, der scheißt, ist, in genau diesem Moment, ein ewiger Mensch. Er ist identisch mit Moses, Cäsar, Richelieu, dem Anthropoiden.

Er richtet sich 363 v. Chr. oder im Jahr 1000 auf.

Geschichte. Eine gefällige Wissenschaft, die sich zwischen *Lektüre* und Vorstellung abspielt.

Die nicht ohne Vorstellung auskommt, weil diese ihr unverzichtbares Hilfsmittel und Endzweck ist.

Geschichte. Sie führt dahin, über Entitäten so zu denken, als wären es Lebewesen.

So etwa *Frankreich*, *Preußen* etc.

Die Entwicklung der Dinge jedoch verläuft ohne Rücksicht auf derart gedachte Objekte. Die Materie des Fresko entwickelt sich von Molekül zu Molekül ohne Rücksicht auf die Malerei – und das ganze Talent des Malers, ob bei *Friedrich* oder *Richelieu*[81], vermag nichts auszurichten gegen Luft, Licht, Schimmel, über deren Wirkung sie nichts wissen, so wie auch diese Wirkung »nichts weiß« von ihren Zeichenkünsten oder ihren Absichten.

Die Substanz

Das Meisterwerk ist ein unerwartetes Ereignis im Blick auf Ockerfarbe oder Kalk.

Geschichte. Mein Vorgehen ist recht einfach. Es besteht darin, in das *Wahre* zu übersetzen, das heißt meine Aufmerksamkeit der wirklich gedachten Substanz zuzuwenden – also klar zu sagen: Dies hier ist das durch mich gestaltete *Bild*. Dies wird gelesen. Dies wird *hinzugefügt* – zusammengesetzt etc.

– Was denkt man WIRKLICH, wenn man »Geschichte« denkt?

Für ein hinreichend bewusstes Wesen?

Je bewusster ein Geist ist, desto weniger erträgt er Geschichte, desto weniger ordnet er sichere Bedeutungen folgenden Ausdrücken zu: Etwas »in Geschichte« wissen? »Ein historisches Problem lösen.«

Dieses Wissen ist ganz konventionell, das heißt es hängt völlig von Konventionen ab.

Geschichte ist nichts als Bücherwissen – was mich an durchstreifte Landschaften denken lässt, die stets nur »willkürliche« Aspekte sind, denn die Formen sind zufällig, und für jeden Ort gibt es eine ∞ Menge von Gesichtspunkten.

Geschichte. Wenn die Historiker nur erwachsen wären, würden sie verstehen, dass es keine leichte Sache ist, Wörter wie *ein Jahrhundert*, *ein Land* zu verwenden.

Keiner von ihnen hat über das Problem der Repräsentation durch die Aufmerksamkeit von irgendjemandem nachgedacht, über den Inhalt einer »längeren Zeit« als der denkbar längsten Zeit – das heißt über die Bewahrung und über das Erkennbare wie auch ebenso über die sehr verschiedenen Elemente, die dabei ins Spiel kommen.

Moderne Politik

Die Betrachtung politischer Perspektiven (*was auch immer ihr Wert sein mag*) – ob nun des Augenblicks (ein *Instant*-Schnitt) oder der Entwicklung – stand früher in Beziehung mit den Verbreitungszeiten der Ereignisse, sowohl (1.) als Nachrichten, wie auch (2.) als eigene Wirkung (vgl. die 2 seismischen Wellen[82]).

Dies hat sich geändert. Die Zeit, die man braucht, um von einem Ereignis etwas zu erfahren, ist gleich null.

Politik in Frankreich

Billard – über 4 Bande gespielt[83]

Falscher Einsatz des Willens

Vom Irrtum, der darin besteht, in nicht begrenzten Bereichen *das Beste* zu wollen.

Beispiele: Illusionen des *Mehr-als-der-Augenblick,* als *ein Jemand*, als *das definierte Endliche.*

Innenpolitik beruht auf der Ungleichheit der Leute, ungleicher Bildung, ungleicher Intelligenz etc.

Die einzig mögliche – und beobachtbare Staatsform heißt eigentlich Aristokratie.

Aber Aristokrat ist nicht gleich … Aristokrat.

Und *Aristokratie* bedeutet hier reale Vormacht, im Handeln, und nicht Konvention, Tradition, Erbschaft.

Fakt ist, dass es zu allen Zeiten und an allen Orten einige gibt, die Führung übernehmen, und wenn sie mehr als einen Augenblick führen, dann heißt das, dass sie führen mussten.

Ich meine, keine politische Staatsform kann der veränderten Welt entsprechen, solange die politischen Charakteristika – die nicht verändert wurden – weiter bestehen. Diese Charakteristika sind die Einteilung in Nationen und die Gefühle oder Ideen, die damit verbunden sind.

Geschichte. Die »Lehren aus der Vergangenheit« gewinnen nur Wert durch Verifikationen in der Gegenwart. Dabei sind aber keine Verifikationen außerhalb hinreichend vergleichbarer, das heißt *technischer* Fälle möglich.

Das gesamte französische Unterricht[swesen] wird von der verborgenen Idee beherrscht, dass in einem bestimmten Alter beim Erreichen eines bestimmten schulischen Ergebnisses der Mensch hinsichtlich seiner Erkenntnis nichts mehr zu wünschen hat. Er hat nichts mehr zu lernen – allenfalls als Luxus. Gerade das Zeugnis (Diplom) trichtert solches ein.[84] Karriere und Fortschritt des Geistes – *keine Neugier mehr*.

Vom Unterricht – als eine der schönen Künste betrachtet?

Ich bin nun ein alter Mann, ein frisch bestallter Professor, ein Gelegenheitsschriftsteller, ein Mann mit Bekanntheitsgrad, man betitelt mich manchmal als Philosophen, doch bei keiner dieser Bezeichnungen, Qualifikationen fühle ich mich wohl.

Der alte Mann fühlt sich als Jüngling, der Professor als wenig eifriger *collégien;* der Schriftsteller als Analphabet, und der bekannte Herr …

Frankreich

Es gibt so viele Mischungen von Menschentypen und »Rassen« in Frankreich, und wenn ich das Porträt »des Franzosen« entwerfen sollte, würde ich als Modell einen »Durchschnitt« (»*milieu*«) wählen; und nach der Beobachtung seiner Charakterzüge würde ich diese, aufgrund von *Sprache,* einem Individuum zuordnen, das ich »den Franzosen« nennen würde …[85]

»Politische Doktrinen« – ihre Leichtsinnigkeit. Die eine sieht nichts als Geschichte, die andere nur den Kreis von Produktion-Konsum; eine weitere nur ethnische Fakten; noch eine andere …

Aristo-nomie

Ich bin nicht für »Demokratie«. Sie führt zur Banalität der Diskurse, macht sie sogar notwendig, etc.

Nicht für Diktaturen [*unleserlich*], die zum Wahnsinn führen.

Ich bin für die *Aristarchie*[86] –

denn sie geht aus der Natur der Dinge hervor: sobald drei Menschen sich treffen und ein Umstand gegeben ist – schon bricht die Hierarchie der Bewertungen des Augenblicks zusammen.

Geschichte. Was nun aber … Ludwig XIV oder die Kreuzzüge … kennzeichnet, ist, dass sich das nicht wiederholen wird.

Der Begriff der Nicht-Wiederholbarkeit ist wesentlich für Geschichte.

Geschichte – also: Erkenntnis des Nicht-Wiederholbaren.

Geschichte. Voraussicht.

Das eigentliche Problem der Voraussicht [gemäß (Zukunft = Vergangenheit)] wird überhaupt nicht angesprochen! Es ist ein Schatten und vielleicht deshalb nicht anzusprechen. Was aber die Voraussicht selbst anbetrifft – so bedient sie sich des *Zustandes* eines Systems von Dingen, um die Vorstellung oder die Charakteristika eines anderen Zustands *zu vermitteln* – $Q = \varphi(P)$, der – mithilfe von Konventionen – als ein *später als P* auftretender Zustand bezeichnet wird.

Q hängt also von der Bestimmung des P und des Operators φ ab. Andererseits hängt jeder beobachtbare Zustand R_q, der auf R_p folgen wird, von einer unbekannten Anzahl von Unbekannten ab und übrigens auch noch von der Beobachtung.

– Zumindest, und wenigstens, muss man die eigene *Variabilität* des Zustands P einbeziehen, das heißt die Struktur des Systems.

Welches sind dabei die *wahrscheinlichen* Variablen?

Unterricht – Vonnöten wäre zuerst eine Studie zu den Veränderungen in den Lebensjahren zwischen 5 und 20 Jahren.

Auf das sich entwickelnde System wirken äußere Handlungen ein, während sich eigene Veränderungen vollziehen. Wachstum und Pubertät.

Vielfalt der Ziele:

Instandsetzung
- der *Syntonisation*[87]
- von Ψ Wechselprozessen
- den »Lebensunterhalt verdienen«, nicht zur Last fallen
- dem gegenwärtigen Kollektiv dienen und dem zukünftigen (Fortpflanzung)
- sich entwickeln.

Die Freiheit des Geistes ist unverträglich mit welcher Tradition auch immer.

Erforschung des Zerstörungsschusses, der ab 19..? aufkam und seither weiterentwickelt wurde, mit ihm widerstehenden Festungsbauten.[88]

Geschichte –
Ludwig 14 – Entstehung der Oper
Perücken – hohe Absätze

Neues Phänomen

Die sozial-ökonomischen Thesen finden sich konfrontiert mit jenen unerwarteten Rassismen und Faschismen, gegen die ihre anti-»kapitalistischen« Argumente und Kriegsmaschinen machtlos sind.

Ende einer Argumentation

Der Mensch ist ein Abenteuer

Der Mensch, dieses Abenteuer.

Er ist kaum etwas anderes.

Und so ist er, ob man ihn nun mit mystischen, dogmatischen oder rationalistischen Augen betrachtet. Er ist ein Seitensprung, entweder der Tiere oder der »Geister«.

Aber in jedem Fall ist der Mensch ein Versuch, ein Spielzug, ein Probewurf – ist Möglichkeit etc. Abenteuer.

Zivilisation ist eine Menge an möglichen Vergnügungen, an verringerten Anstrengungen, an …

Verglichen mit einem Zustand, wo jene Vergnügungen nichtig oder geringer sind und jene Anstrengungen größer.

Aber unter der Bedingung, sich dessen BEWUSST zu sein.

Es braucht dabei ein Minimum an »materieller Freiheit«, das heißt von augenblickslanger Sorglosigkeit in Sachen Ressourcen und Sicherheit.

8. April 1938

Hitler = das Phänomen, das der Idee von der Nation ein Ende setzen soll, der *nationalen* Weltanschauung, in der Europa seit der Französischen Revolution gelebt hat. In Frankreich geht diese nationale Idee sogar noch viel weiter zurück: Die Könige haben sich ihrer bedient, um Provinzen ihrem Reich einzuverleiben, die ihm heterogen waren (Roussillon, Bretagne etc.)

Die erste Bresche in der Idee *Nation*: der *Marxismus*, alle Formen von Klassentheorie mit der Tendenz, die Individuen ein- und derselben Klasse außerhalb der nationalen Rahmen zu vereinen.

Ein anderer Versuch extra-nationaler Vereinigung, jedoch sehr begrenzt: intellektuelle Gruppierungen wie etwa der PEN-Club[89] etc.

Das Phänomen »Hitler« stellt nun der Idee der Nation die Idee der Rasse entgegen, so, wie er sie versteht, das heißt in dem Sinn, der am besten geeignet ist, den Begriff Nation zu zerstören, so wie er auf der Gemeinschaft durch *Sprache*, Sitten und Gebräuche begründet ist.

Nicht der Religion. Die Religion, die im Mittelalter der politischen Universalität diente (das Heilige Römische Reich etc.), wird nun ausgeschlossen. Sie verbleibt auf nationalem Boden.

Mussolini – Imitation des Vergangenen. Auferstehung der aus der Geschichte schon altbekannten Formen – Römisches Reich – sehr literarisch.

Napoleon *hätte ein Europa errichten können.*[90]

September 1938

Die Affäre der Tschechoslowakei[91] zeigt klar den Missbrauch, der darin besteht, den Menschen $\times 10^x$ in Verpflichtungen einzubinden, bis hin zu seinem Tod, ohne dass er die geringste Idee davon oder die geringste Kontrolle darüber gehabt hätte, ja überhaupt nicht einmal hätte haben können – zwangsverpflichtet wie er nun einmal ist durch solche Menschen, die einer festgefassten Meinung folgen, etc.

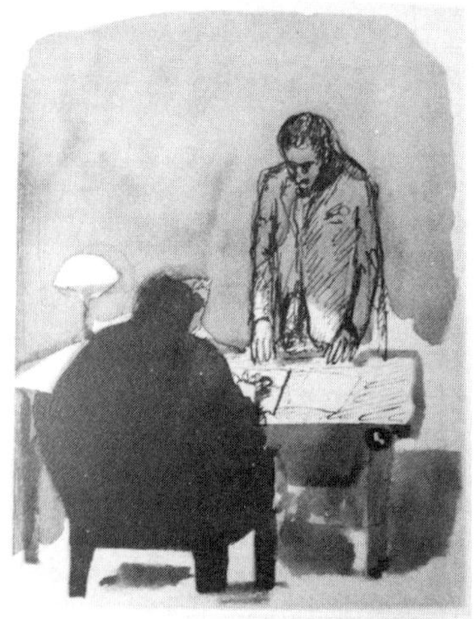

Paul Valéry,
»Macht im Büro« (*M. Teste*)

Nachwort

Ego – Rechts *aus Instinkt;*
links aus Verstand ; rechts
unter Linken,
und links unter Rechten. Hier
ist mir die Denkweise zuwider,
dort die Art.
(Paul Valéry, *Cahiers/Hefte* 5, S. 529).

Neuerscheinung

Paris, Place de la Sorbonne. Der Kunde betritt die Librairie, fragt nach dem Buch »Paul Valéry, *Principes d'an-archie*« –, die erstaunte Gegenfrage der Verkäuferin »*le poète* Valéry?« Die Suche führt ins Souterrain sub-versiver Titel, dort der Fund – *die* Neuerscheinung 2017, ein Büchlein, stark verkürzt, neu aufgelegt, preiswert – Valéry hatte das vollständige *Carnet* seinem Sohn François übereignet, der es ablegte und erst nach Jahren für den Druck freigab.[92]

Unangefochten der Dichter Paul Valéry

Das Bild des *Dichters Paul Valéry* als moderner Klassiker beruht vorrangig auf dem lyrischen Werk: ein symbolistisches *Album alter Verse* mit 21 Gedichten, *Die Junge Parze* (1917) – als hermetisches, »dunkelstes Gedicht der französischen Sprache« bezeichnet, in dem die »›inkohärente‹ Funktionsweise eines Bewusstseins« Gestalt angenommen hat, dann weiterhin 21 Dichtungen in der Sammlung *Charmes* (*Morgenröte, An die Platane, Palme, Der Gesang der Säulen, Die Schritte, Fragmente des Narziss, Pythia, Der Luftgeist* und, oft zitiert: *Der Friedhof am Meer*). Ein fester Platz im Schul- und Hochschulunterricht Frankreichs ist unbestritten. Nach weiteren Gelegenheits- und Prosagedichten in den Zwanzigerjahren (*Alphabet, Gedichte aus verschiedenen Zeiten, Mélange, Poésie brute*) entstanden in Valérys letzter Lebensphase Sonette, Prosagedichte und Ende der Dreißigerjahre bis 1945 Liebesgedichte an Jean Voilier gerichtet (*Corona & Coronilla*) sowie *Agathe* und *Der Engel.*

Im Bereich belletristischer Prosawerke geht es Valéry um philosophische, ästhetische und kulturelle Fragestellungen, um alte wie neue Mythen und Menschenbilder: *Der Abend mit Monsieur Teste, Einführung in die Methode des*

Leonardo da Vinci, Die Totendialoge, Der Mensch und die Muschel, Die fixe Idee, Tanz – Zeichnung und Degas, Schlimme Gedanken und andere, Mein Faust und posthum *Gebrochene Geschichten*. Letzthin entstanden auch viele theoretische Schriften, so zur Philosophie und Literatur, zur Ästhetik und zu den Künsten, zur Theorie der Dichtkunst wie auch zur Politik des europäischen Geistes.

Wenn Adorno in seinen beiden Essays zu Valéry vorrangig die ästhetisch progressiven, aktuellen Seiten Valérys herausstellte, so verwies er punktuell auch auf einige wenige explizit politische Standpunkte. In seinen »Abweichungen« bezeichnete Adorno Valéry als »antipolitisch« wie den Thomas Mann der ›Betrachtungen‹, stellte seine »Aversion gegen Politik als Herrschaftstechnik und als Gestalt von Ideologie« heraus. Und er zitierte Valéry auch damit, dass es das Geschäft der Intellektuellen sei, »mittels Zeichen, Namen, Symbolen alles aufzurühren, ohne das Gegengewicht wirklicher Handlungen. Das macht ihre Reden verblüffend, ihre Politik gefährlich«.[93]

Valérys politisches Engagement

Kommen wir damit zu Valéry in seiner Zeit: In der Zwischenkriegszeit der beiden Weltkriege stand die III. Republik Frankreich, wie wohl ganz Europa, im Zeichen starker Unruhen und Spannungen. Die Annäherung Frankreichs und Deutschlands durch die Politiker Stresemann und Briand (*Verträge von Locarno* 1925) ließ kurzfristig Hoffnung aufkeimen. So unternahm Valéry im Oktober 1926 eine aufsehenerregende Vortragsreise über Prag, Wien nach Berlin, die dem Europa-Gedanken in der Weimarer Republik und der Völkerverständigung große Impulse gab; auch Albert Einstein war unter den Zuhörern. Mitte der Zwanzigerjahre beunruhigte eine schleichende Inflation des Franc die Franzosen; die Weltwirtschaftskrise erfasste 1931 auch Zentraleuropa. Die Nationalsozialisten mit Hitler kamen in Deutschland 1933 an die Macht. Anfang Februar 1934 in Paris initiierte die faschistische Bewegung *Croix de feu* eine antiparlamentarische Straßenschlacht, der zufolge Daladier zurücktrat. Der Sozialist Léon Blum regierte mehrfach als Ministerpräsident, so von Juni 1936 bis Juni 1937 und im März/April 1938; Valéry machte seine Bekanntschaft schon in den 1890er-Jahren in literarischen Kreisen, sie trafen sich gelegentlich, waren gleichaltrig, dazu Juristen.[94]

In dieser Zeit großer politisch extremistischer Unruhen und parteipolitischer Auseinandersetzungen schrieb Valéry sein *Carnet* zu *Principes d'an-archie pure et appliquée.* Aus der Distanz

Paul Valéry,
»Phantasmagorie in Kriegszeiten [15. 9. 1942]«

des Beobachters entstanden seine Betrachtungen zu politischen und historischen Machtkämpfen wie auch zur Politik des europäischen Geistes, zur Krise und Bilanz der Intelligenz. Die *Blicke auf die gegenwärtige Welt* (1931), gerichtet auf Frankreich und insbesondere Paris, auf Zeiterscheinungen wie Fortschritt und Berufswelt, auf Institutionen wie die *Académie française* (Valéry war Mitglied seit 1925) und das *Centre Universitaire Méditerranéen* (Valéry wurde erster Direktor), aber auch auf das Geistesleben und die internationale Literatur (als Präsident des französischen PEN 1924–1934). Die starke Vernetzung Valérys mit Dichtern,

Künstlern und Intellektuellen, mit Geistes- und Naturwissenschaftlern, mit Politikern seiner Zeit (Mallarmé, Gide, T.S. Eliot, Degas, Morisot, Bergson, Einstein, Alain, Langevin, de Broglie, Blum, Pétain und anderen) und seine liberalkonservative Haltung begünstigten dann wohl auch seinen Ruf auf den Lehrstuhl für *Poïétique* am Collège de France gerade im Jahr 1937.

Es ist offensichtlich, dass der Verfasser von *Prinzipien aufgeklärter An-archie* die dort behandelten Probleme auch in anderen Texten in den Mittelpunkt gestellt hat: so etwa zur Geschichte, zur Freiheit und zum Frieden, zur Diktatur, zum Nationalsozialismus in Deutschland (Rede im Radio am 12. September 1939) – wie auch zur Kriegswirtschaft des Geistes. Als Kommissionsleiter der *Coopération intellectuelle* des Völkerbunds (seit Juli 1930) entwickelte Valéry den Entwurf für eine europäische Vereinigung der Wissenschaftler, Intellektuellen und Künstler.[95]

Zum Titel

Dieses *Carnet* trägt nun ursprünglich einen recht anspruchsvollen Titel, der manchen Leser auf Anhieb zurückschrecken lässt – angesichts »*der* Prinzipien« und einer Dichotomie »reiner« und »angewandter« Anarchie. Dies hat Valéry sicher nicht beabsichtigt, allenfalls eine Überzeichnung des Erwartungshorizonts seines möglichen Lesers. Im Vorwort der französischen Erstausgabe 1984 liest man dann auch, dass wohl auch eine Prise Humor und Provokation bei dieser Titelvergabe mitgeschwungen haben könnten.

Es ist jedoch richtig, dass sich Valéry in seinen *Cahiers* mit Kants Erkenntnistheorie recht kritisch auseinandergesetzt hat, wie Karl Alfred Blüher in einem Aufsatz über Valéry und Kant umfassend aufzeigte.[96] Die Anspielung auf die *Kritik der reinen Vernunft* ist hier nicht zu überlesen. So wie Kant das intellektuelle Handwerk auf *Prinzipien* der Gleichartigkeit, Kontinuität, Varietät, Kausalität, Wechselwirkung oder Analogien etc. begründete, so entwickelte Valéry seinerseits in den *Cahiers* Prinzipien wie das der Wechselwirkung D/R (Demande/Réponse), der Funktionalität, der *Fiducia*, der Un-Sicherheit, der mentalen Kreisschlüsse, der Kontinuität, der Instabilität, der Potenzialität, der Analogien etc. Jedoch lassen sich »Prinzipien« im eigentlichen Sinne (also Grundsätze, Richtlinien) – und noch dazu *anarchische* (fast eine *contradictio in adiecta*) – in den Texten dieses *Carnet* nur in abgeschwächter, oft indirekter Form aufzeigen, sicher jedoch »Grundbegriffe«, die auf *Anfänge von Anarchischem* zurückweisen (gerade die Anfänge von Phänomenen, Handlungen, Ereignissen haben Valéry fasziniert, so etwa der Tagesbeginn, das Erwachen im zerwühlten Bett, der Sonnenaufgang, das unbeschriebene Blatt Papier auf dem Schreibtisch, wie auch *l'état naissant de la dictature.*)[97] Es wäre aufschlussreich, viele der hier von Valéry zusammengestellten Texte unter diesem Blickwinkel zu lesen – wo und wie Anarchie beginnt und sich entwickelt, wann und warum ein System umkippt oder seinen Lauf ändert, warum überhaupt Unordnung und Chaos in einer zuvor geordneten Welt entstehen oder entstehen müssen, und welche verborgenen Mechanismen der Macht dabei im Spiel sind.[98]

Wenn es denn so sein sollte, dass mit diesem vieldeutigen Titel dem Leser die Aufgabe einer Recherche erwächst, wird seine Irritation verstärkt, wenn er auf Seite 2 dieses *Carnet* einen zweiten, anderen Titel (vielleicht war dies der eigentliche, ursprüngliche) liest: *Les principes d'an-archie raisonnée* (was sofort an die erste französische *Encyclopédie ou Dictionnaire raisonné des sciences, des arts et des métiers* der Aufklärer Diderot und d'Alembert denken lässt). Auch die Übersetzer von Bertholets Valéry-Biografie[99] hatten diesen Buchtitel erwogen und sogar noch erweitert als »Prinzipien *logisch* durchdachter Anarchie«. Eine *anarchie raisonnée* ist zweifellos eine aufgeklärte, auf Vernunft begründete, hinterfragte, »historische« *und* kritische Anarchie. Es liegt beim Leser, diese Lesart anhand des Textes zu entwickeln.

Was versteht Valéry unter An-archie?

Valéry erkennt in Pascal geradezu den Typus des Anarchisten in seinem Sinne: »›Anarchist‹ ist ein Beobachter, der das sieht, was er sieht, und nicht das, was man gemeinhin sieht. Er denkt darüber nach.« Es handelt sich also um einen individualisierten Beobachter, der nicht das sieht, was die große Menge sieht, sondern versucht, die versteckten Strukturen zu erkennen – und er handelt nicht. Valéry legt eine klassische Definition nach: »An-archie ist der Versuch des Einzelnen, jegliche Unterwerfung unter einen ausdrücklichen Befehl, der auf Unverifizierbarem gründet, zurückzuweisen.«[100] Anarchist ist also jemand, der geradezu eine wissenschaftliche Beweisbarkeit von Sachverhalten und Phänomenen einfordert, der sich allen »alternativen Fakten« – »*fakes*« im heutigen Sprachgebrauch – widersetzt, der sich im Wachzustand befindet. Die Möglichkeit der Überprüfung der Fakten im sozialpolitischen Umfeld hat dabei für ihn höchste Priorität. Der Traum, so schreibt Valéry an anderer Stelle in den *Cahiers*[101], ist demgegenüber die »nach Innen verlagerte Anarchie«.

Wie der Leser erkennen wird, hat sich Valéry mit den verschiedenen nicht-anarchischen Staatsformen befasst, die sich alle im Verlauf der Geschichte neuen gesellschaftspolitischen Gegebenheiten angepasst haben: mit dem Staat allgemein, mit der Monarchie, wie sie über Jahrhunderte Frankreich regiert hat, mit Autokratie, Diktatur oder Tyrannei. Valéry hatte Gelegenheit, einige Autokraten persönlich kennenzulernen: Mussolini traf er zweimal, fand ihn geradezu lächerlich; den Reichsverweser des ungarischen Königreichs, Ritter Miklós Horthy, der ohne Parlamentswahlen nazifreundlich regierte, traf Valéry im Rahmen erneuter »Gespräche« des Völkerbunds in Budapest Anfang Juni 1936; wie schon beim Treffen des PEN-Clubs mit diesem Autokraten 1932 war das Treffen frostig und nichtssagend.

Die ein Jahrzehnt andauernde Bekanntschaft Valérys mit Marschall Pétain ergab sich aus der gemeinsamen Vorbereitung ihrer Reden zur Wahl Pétains in die *Académie française.*[102] Der Zivilist Valéry evozierte in seiner Rede nicht nur die Schrecken der beiden letzten unseligen Kriege zwischen Deutschland und Frankreich, sondern vermittelte dem Leser – durch seine empathischen, eindringlichen Psychogramme des Generals Joffre, der Marschälle Foch und Pétain bei ihren schweren Entscheidungen – einen erschütternden Einblick in die Anarchie des Krieges. Valéry wurde zwar durch Vermittlung Pétains zum Commandeur der *Légion d'honneur* ernannt, ging dann aber in den Jahren der Vichy-Regierung auf Distanz zum Chef de l'État, dessen kollaborative und antisemitische Entscheidungen er überhaupt nicht gutheißen konnte. Schon das Vorwort Valérys zur französischen Übersetzung eines Buchs von António Ferro *Salazar. Le Portugal et son chef* (1934) bewegte sich in wachsamer Distanz zu der in ihren Anfängen steckenden Diktatur in Portugal.[103]

Valérys Verhältnis zur Staatsform der republikanischen Demokratie ist wohl von größerem Interesse, da er notgedrungen die Situation der 1920er- und 30er-Jahre vor Augen hatte. Kritikpunkte sind dementsprechend das Mehrheitswahlrecht (die kleine/große Zahl), das Pressewesen, die Steuerpolitik, die Parteien, die nur ihren ideologisch geprägten Parteiinteressen folgen. Was das »Volk« ist, was soziale »Klassen« sind, was (Un-)Gleichheit ist, all dies erscheint ihm zu Recht höchst problematisch und komplex. Ein besonders starkes Argument gegen die Demokratie: dass sie zur Banalität des Diskurses führe, und – mit einer zeitkritischen Note – dass die Manipulation von Fakten immer leichter und deren Verifizierbarkeit immer schwieriger würde, Transparenz aber vonnöten sei. Doch auch Grundfragen und -probleme aller politischen Systeme greift er auf: Angst, Befehlsgewalt, Verantwortlichkeit, Idole und die veränderten Überlebenschancen des Individuums, seine Freiheit sowie Recht und Gesetz.

Bekanntlich fanden Kants aufklärerische Schriften wie die *Kritiken*, die *Anthropologie* und kleinere Aufsätze durchgehend ein aufgeschlossenes Lesepublikum in Frankreich einschließlich Valéry.[104] Die *Anthropologie du point de vue pragmatique* war schon 1798 auf Französisch erschienen (danach noch mehrfach übersetzt, zuletzt von Michel Foucault 1964). Kant thematisierte darin auch die Anarchie: »*Freiheit* und *Gesetz* (durch welche jene eingeschränkt wird) sind die zwei Angeln, um welche sich die bürgerliche Gesetzgebung dreht. Aber damit das Letztere auch von Wirkung und nicht leere Anpreisung sei: so muss ein Mittleres hinzukommen, nämlich *Gewalt*, welche, mit jenen verbun-den, diesen *Prinzipien* Erfolg verschafft. Nun kann man sich aber viererlei Kombinationen der Letzteren mit den beiden Ersteren denken: A. Gesetz und Freiheit ohne Gewalt (Anarchie). B. Gesetz und Gewalt ohne Freiheit (Despotismus). C. Gewalt ohne Freiheit und Gesetz (Barbarei). D. Gewalt mit Freiheit und Gesetz (Republik).«

Und Kant weiter: »Man sieht, dass nur die Letztere eine wahre bürgerliche Verfassung genannt zu werden verdiene; wobei man aber nicht auf eine der drei Staatsformen (Demokratie) hinzielt, sondern unter *Republik* nur einen Staat überhaupt versteht und das alte Brocardikon: *Salus civitatis* (nicht *civium*) *suprema lex esto* nicht bedeutet: Das Sinnenwohl des gemeinen Wesens (die *Glückseligkeit* der Bürger) solle zum obersten Prinzip der Staatsverfassung dienen; denn dieses Wohlergehen, was ein jeder nach seiner Privatneigung, so oder anders, sich vormalt, taugt gar nicht zu irgendeinem objektiven Prinzip, als welches Allgemeinheit fordert, sondern jene Sentenz sagt nichts weiter als: Das *Verstandeswohl*, die Erhaltung der einmal bestehenden *Staatsverfassung*, ist das höchste Gesetz einer bürgerlichen Gesellschaft überhaupt; denn diese besteht nur durch jene.«[105] Kant schließt also ausdrücklich das alleinige Wohlergehen, die »Glückseligkeit«, die Privatneigung des Bürgers qua Individuum als oberstes Prinzip der Staatsverfassung aus; dem hätte sich der Individualist Paul Valéry wohl nur unter Vorbehalt angeschlossen.

Martine Rouart-Valéry,
»La Révolution en marche«

Und welche Staatsform hätte Valéry gewählt?

Das führt zu der bisweilen aufgeworfenen Frage, welcher Staatsform Valéry nun den Vorzug geben würde: Er erkennt in fast allen Regierungsformen Widersprüchliches, Verwirrendes, ungelöste Probleme, Vor- und Nachteile, demnach kommt er nach kurzer Überlegung zu »*je deviens* aristo-« (»ich werde zum Aristo-»), angesichts eines ihn bedrängenden »gestaltlosen Volks« (*le Dêmos informe).*

In diesem *Carnet* nun stellt sich die Gemengelage der politischen Systeme wiederum anders dar: Valéry erklärt sich *gegen* die »Demokratie« (und zwar in Anführungszeichen, weil er die Bezeichnung zuvörderst präzisieren, vielleicht auch gegen die Republik abgrenzen müsste), *aber auch* alle Diktaturen, die zum Wahnsinn führen, um dann – wohl einer plötzlichen Laune folgend – zu verkünden: »Ich bin für eine Aristarchie.« Ein aristarchisches Regime mit besten, gewählten (oder durch Losverfahren bestimmten), kompetenten Staatsdienern ist nach seiner Meinung eines, das im Handeln eine reale so wie angestammte Vorherrschaft und Effizienz nachweisen könnte, das im öffentlichen Umgang Sitte, Höflichkeit und Humanität praktizieren würde. Dabei würde er wohl ungern auf die liberalen Freiheiten eines demokratischen Staates verzichten, wie er sie selbst zeitlebens genossen hat. Schon der Rechtsphilosoph von Mehring (den Valéry sicher nicht gelesen hat) vertrat in seinem Essay *Formalismus in der Lehre vom Staat* (1833) die Auffassung, dass sich Nomokratie und Aristarchie entsprächen, insofern beide auf der Linie eines Rechtsstaats (im Gegensatz zum Gewaltstaat) lägen; die Monarchie jedoch (wenn sie denn überhaupt durch Rechtsstaatlichkeit konsolidiert sein könnte) ließe sich am besten mit dem *aristarchischen Prinzip* vereinigen. Gleich nach Kriegsende 1946 veröffentlichte René Gillouin (ein Literaturkritiker, den Valéry schon Ende der Zwanzigerjahre gelegentlich einer Rezension seiner ›*Les Grenades*‹ kennengelernt hatte[106]) das Buch *ARISTARCHIE ou Recherche d'un gouvernement* (als Untergrundpublikation in Genf erschienen). Die beiden darin vorgestellten Demokratie-Modelle, das englische und das französische, werden durch zugespitzte Merkmale charakterisiert: das englische Modell als *individualistisch* (*habeas corpus*, Menschenrechte), *liberal* (Primat der individuellen Freiheit), *bürgerlich*, *ungleich*, *Besitztum bewahrend*, *rechtlich* und *gesetzlich* (wie in einer Nomokratie), *traditionsbewusst* und *geistlich* (nicht antichristlich); demgegenüber das französische Modell als *massokratisch*, *autoritär*, *antimonarchistisch*, *egalitär*, *futuristisch* und *rationalistisch*. Valéry hätte wohl die für England aufgeführten Eigenschaften und dazu »rationalistisch« für seine Aristarchie reklamiert.

Am 16. August 1944 erlebt Valéry das Défilé der FFL (*Forces françaises libres*) unter de Gaulles Führung auf den Champs Élysées, im Oktober wird er ins Théâtre Français in die Loge des *Général* zu einer Dichterlesung eingeladen. Fünf Tage nach Valérys Tod ordnet de Gaulle zum 25. Juli 1945 das Staatsbegräbnis auf einem Katafalk zwischen den beiden Gebäuden des Palais de Chaillot an. Valérys Worte in der *Académie française*, in Erwiderung auf Pétain 1931, hatte de Gaulle nicht vergessen, hatte er doch als Offizier an der Schlacht um Verdun (2. März 1916) teilgenommen und so wie Valéry dem Marschall Pétain in der Zwischenkriegszeit der III. Republik zunächst näher-, später dann ferngestanden.

Jürgen Schmidt-Radefeldt

Bibliografische Notiz zu Paul Valéry

Œuvres, hg. von Michel Jarrety, Paris, La Pochothèque, 2016, 3 Bde.

Œuvres, hg. von Jean Hytier, Paris, Pléiade 1957, 2 Bde.

Werke, hg. und mit Anmerkungen versehen von Jürgen Schmidt-Radefeldt und Karl Alfred Blüher, Insel Verlag, Frankfurt a. M. 1989–1995: Bd. 1 *Dichtung und Prosa;* Bd. 2 *Dialoge und Theater;* Bd. 3 *Zur Literatur*; Bd. 4 *Zur Philosophie und Wissenschaft*; Bd. 5 *Zur Theorie der Dichtkunst und Vermischte Gedanken*; Bd. 6 *Zur Ästhetik und Philosophie der Künste*; Bd. 7: *Zur Zeitgeschichte und Politik.*

Cahiers, hg. von Judith Robinson-Valéry, Pléiade, Paris 1974, 2 Bde.

Cahiers/Hefte [deutsche Ausgabe der *Cahiers,* Pléiade], hg., mit Einleitung und Anmerkungen versehen von Hartmut Köhler und Jürgen Schmidt-Radefeldt, 6 Bände, S. Fischer-Verlag, Frankfurt a. M., 1987–1993. – Bd. 1 *Die Hefte, Ego, Ego scriptor, Gladiator, Sprache*; Bd. 2 *Philosophie, System, Theta*; Bd. 3 *Psychologie, Soma und Körper/Geist/Welt*; Bd. 4, *Zeit, Traum, Bewusstsein, Aufmerksamkeit, Das Ich und die Person*; Bd. 5 *Eros, Bios, Mathematik, Wissenschaft, Ge-*

schichte und Politik, Unterricht; Bd. 6 *Kunst und Ästhetik, Poietik, Poesie, Literatur, Gedichte und Kleine abstrakte Gedichte, Themen, Homo.*

Paul Valéry und seine verborgenen Cahiers. »Ich grase meine Gehirnwiese ab«. Auswahl aus den *Cahiers/Heften* und mit einem Essay von Thomas Stölzel. Eichborn Verlag, Frankfurt a. M. 2011.

Cahiers 1894–1914, Edition intégrale, établie, présentée et annotée sous la co-responsabilité de Nicole Celeyrette-Pietri, Judith Robinson-Valéry, Robert Pickering, William Marx (in Zusammenarbeit mit einem internationalen Forschungsteam), Gallimard, Paris, 1987–2016, 13 Bde.

Cahiers/Notebooks, eds. Brian Stimpson, Paul Gifford, Robert Pickering, Norma Rinsler, Paul Ryan, Stephen Romer, Peter Lang Verlag, Frankfurt a. M./ Oxford/ New York 2000–2010, 5 vols.

Forschungen zu Paul Valéry/Recherches valéryennes, 1 (1988)–28 (2015) ff. Hg. von Karl Alfred Blüher und J. Schmidt-Radefeldt, Forschungszentrum zu Paul Valéry am Romanischen Seminar der Universität Kiel [Jahreshefte, thematisch gestaltet].

Michel Jarrety, ***Paul Valéry***. Fayard, Paris, 2008.

Denis Bertholet, ***Paul Valéry. Die Biographie.*** Aus dem Französischen von Bernd Schwibs und Achim Russer. Vorwort von Jürgen Schmidt-Radefeldt, mit zahlreichen Abbildungen. Insel, Berlin 2011.

Anmerkungen zu *Prinzipien aufgeklärter An-archie*

1 Zur Wahl dieses Titels siehe das Nachwort. Valéry trennt in der Verschriftung das privative Präfix »An« durch Bindestrich.: ›An-archie‹ hebt *Nicht*-Herrschaft, Herrschafts-*freiheit, Gesetzlosigkeit* hervor; der Begriff bezeichnet den transitiven Zustand (Phase) oder auch Ursprung eines sozialen bzw. individuellen Systems, das sich bedrängt von rechtlicher, politischer, moralischer Macht befreien will. Vgl. Jacques Derrida, »Qual Quelle. Die Quellen Valérys«, in ders., *Randgänge der Philosophie*, hg. von Peter Engelmann, Wien 1988, 259–289.

2 Man denkt an Valérys *Monsieur Teste*, den »gottlosen Mystiker« und »Dämon der Möglichkeit«, der den verborgensten Widersprüchen seines Ichs und dem psychischen Wechsel von Ordnung und Unordnung im Denken und Schreiben nachgeht. Vgl. zum Mystischen und Göttlichen den Sammelband *Du divin et des dieux*. Recherches sur le *Peri tôn tou theou* de Paul Valéry, hg. von F. Johansson, F. Mérel, B. Zaccarello, Frankfurt a. M., 2014.

3 In zwei Texten setzte sich Valéry mit Pascal auseinander (*Werke*, Bd. 4, S. 78–100), in manchem stehen sich beide Philosophen nah (»Wenn man alles der Vernunft unterordnet, wird unsere Religion nichts Geheimnisvolles und Übernatürliches haben.«

Pensées, in Blaise Pascal, *Das Ich besteht in meinem Denken*, Stuttgart 2017, S. 70); zu anarchischen Denkansätzen Pascals vgl. die *Briefe in die Provinz und Die Schriften der Pfarrer von Paris*, hg. von Karl August Ott, Heidelberg 1990, sowie Irène E. Kummer, *Blaise Pascal. Das Heil im Widerspruch. Studien zu den* Pensées, Berlin/New York 1978, S. 170–177.

4 Unverifizierbar sind also auch jederlei »alternative Fakten«. Napoleon (in *Maximen und Gedanken*, op. cit. S. 26, Nr. 79) ergänzt: »An der Grenze der demokratischen Regierung beginnt die Anarchie, an jener der monarchistischen Regierung der Despotismus. Die Anarchie ist ohnmächtig, der Despotismus vermag Großes zu vollbringen.«

5 Anführungszeichen und Sprechduktus verweisen auf einen anderen Sprecher, vielleicht einen *Zarathustra*?

6 Valéry schreibt zeitgemäß »les François«, nach Vorschrift der *Académie française* (obgleich die Aussprache bereits im 18. Jh. [ɛ] war). Die Orthografie-Reform, /-ais/ zu schreiben, erfolgte 1835 mit der 6. Auflage des *Dictionnaire* der Académie.

7 Valéry beklagt hier den Verlust der Artenvielfalt und Vogelnamen, auf den Georges Cuvier als Erster 1796 in einem Vortrag am *Institut de France* aufmerksam machte. – Die Exotik der Papageien bezog Valéry auf sprachliche Abstrakta, die es zu jagen gilt (vgl. *Die fixe Idee*, in *Werke* 2, S. 202 f.).

8 Der junge Valéry verehrte Napoleon, in manchen Gedanken berühren sich beide: »Eine Revolution ist ein Teufelskreis: Sie geht von der Maßlosigkeit aus und kehrt zu ihr zurück«, so Napoleon Bonaparte, *Maximen und Gedanken*. Auswahl und Vorwort von Honoré de Balzac [1838], übersetzt aus dem Französischen von Ulrich Kunzmann, Berlin 2010, S. 15.

9 Vgl. dazu Voltaire *Siècle de Louis XIV* (1751), dessen erklärtes Ziel es war, weniger die Handlungen eines Monarchen, sondern vor allem den Geist der Menschen in jenem einmalig aufgeklärten Jahrhundert zu malen; ein Viertel des Buches verzeichnet in einer »Liste raisonnée des Enfants de Louis XIV« die gesamte politische und adlige Klasse, Schriftsteller und Künstler jener Zeit.

10 Der Tragödiendichter Jean Racine (1639–1699), durch die Jansenisten gebildet, erfuhr deren Unterdrückung durch die Staatsgewalt, musste als Chronist an den Kriegen Ludwig XIV (Belagerungen von Gent und Namur) teilnehmen und fiel zuletzt in Ungnade des Königs wegen seines *Abrégé de l'Histoire de Port-Royal* (Geschichte von Port-Royal). – Charles de Saint-Évremond (1613–1703), Militär, Freidenker und satirischer Schriftsteller, beeinflusste durch seine *Réflexions sur les divers génies du peuple romain* [1663] Montesquieu.

11 Carlo Maffei di Boglio (1772–1854), Senator der Regierung Sardiniens: Valérys Zweitsprache mütterlicherseits war Italienisch.

12 Napoleon notiert: »Der Zufall ist der einzige rechtmäßige König der Welt.« (*Maximen und Gedanken*, op.cit., S.79, Nr.438). Vgl. Christel Krauss, *Der Begriff des ›Hasard‹ bei Paul Valéry. Theorie und dichterische Praxis.* Diss. phil., Heidelberg 1969; Peter Vogt, *Kontingenz und Zufall. Eine Ideen- und Begriffsgeschichte*, Berlin 2011.

13 Dazu Eugen Gottlob Winkler, *Die Erkundung der Linie: Erzählung, Aufsatz, Gedicht.* Hg. und mit einem Essay von Durs Grünbein, Leipzig 1993; Paul Ryan, »L'esthétique de la ligne: géométrie, graphie, rêverie«, in *Forschungen zu Paul Valéry* 20 (2007), S.91–118.

14 Rousseau (*Vom Gesellschaftsvertrag, oder Grundsätze*

des Staatsrechts, Stuttgart 2003, S. 18) unterscheidet Stadt [*ville*], Polis [cité], Städter [*bourgeois*], Bürger [*citoyen*]. Polis umfasst eine Gesamtkörperschaft (»öffentliche Person«) unter einem Gemeinwillen, auf sie bezieht sich der Gesellschaftsvertrag.

15 Der Gryphon, das altorientalische Fabelmonster in Gestalt eines Löwengreif, wird von Valéry eingebracht, um apokalyptische, eschatologische, pandemische Weltkriegszustände vorzustellen. Bereits in *Monsieur Teste* (*Werke* I, S. 339) und in den *Cahiers/Heften* (Bd. 2, S. 42) ruft Valéry diese hybriden Monster herbei. Auch in seinem Theaterstück *Mon Faust*, das in den Jahren des 2. Weltkriegs entsteht, treten Teufel und drei blaue Dämonen auf (Belial, Astaroth, Gungun). Valéry zeichnete im März 1942 mehrere solcher phantasmagorischen Schreckensszenarien in ein Album für seine siebenjährige Enkelin Martine. Zu diesen Abbildungen vgl. Paul Ryan, *Paul Valéry et le dessin*, Frankfurt a. M. 2007, S. 350 ff. (Abbildung eines fliegenden Drachen im Anhang).

16 Valéry (studierter Jurist) verweist auf das Privatrecht: Die *leonische Klausel* bei Vertragsschließung (»Knebelvertrag«) besagt, dass die Lasten nur von einer Seite getragen werden, die andere nur Vorteil daraus zieht, also gegenüber demjenigen, »is de cuius successione [morte, hereditate] agitur« (der, über dessen Nachlass [Tod, Erbschaft] verhandelt wird).

17 Aus der Sicht des Bürgers: »Politik ist die Kunst, die Leute daran zu hindern, sich um das zu kümmern, was sie angeht«, in »Windstriche«, *Werke* Bd. 5, S. 218; ebenso in *Cahiers/Hefte*, Bd. 5, S. 476.

18 »Den Reinen ist alles rein, den Unreinen aber und Ungläubigen ist nichts rein, sondern unrein ist ihr Sinn sowohl als ihr Gewissen« (Paulusbrief an Titus 1, 15), doch Valéry las auch Zarathustra [14. Buch,

3. Teil]: »›Dem Reinen ist alles rein‹ – so spricht das Volk. Ich sage euch, den Schweinen wird alles Schwein.«

19 Die zeitlichen Abstände zu diesen drei Staatsmännern Sin-ahhe-eriba (745 bis 680? v. Chr.), Gaius Julius Cäsar (100–44 v. Chr.) und Adolphe Thiers (erster Präsident der III. Republik 1871–1873) verdeutlichen Unsicherheitsgrade historischer Wahrheit. Der Denkende (»er«) ist in diesem Fall M. Teste. Valérys Geschichtskritik behandelt das Themenheft *Forschungen zu Valéry* 27 (2014).

20 Die frappierende Geistesverwandtschaft von Valéry (réflexion) und Novalis (Reflexion) erscheint Tim Trzaskalik an dieser Stelle unübersehbar; wir verweisen dazu auch auf Novalis, *Werke, Tagebücher und Briefe*, hg. H.-J. Mähl und R. Samuel, WB und Hanser Verlag, 1978, 3 Bde., Band 3: Kommentar, von Hans-Jürgen Balmes, Stichwort ›Reflexion‹ und ›Selbstreflexion‹. Dazu auch Gerhard Weber, *Novalis und Valéry. Ver-Dichtung des Ich 1800/1900*, Bonn/Berlin 1992.

21 Zu dieser Klage über den Unterricht der Jugend vgl. die gleichnamige Rubrik *Cahiers/Hefte* Bd. 5, S. 603–645.

22 Valéry verweist hier in diesem gerade (1936) erschienenen Buch auf die Kapitel III (Sozialismus und Staat) und VI (Wachsen der Ungleichheit und der sozialen Gegensätze).

23 Léon Jouhaux (1879–1954), Generalsekretär des Gewerkschaftsdachverbandes CGT 1909–40, wurde z. Zt. der Vichy-Regierung in Marseille 1941 verhaftet, 1943 deportiert (Buchenwald, Dachau) und 1945 befreit; 1951 erhielt er für seinen jahrzehntelangen Kampf gegen den linken Flügel der Arbeiterbewegung den Friedensnobelpreis. – S.A.R. Organisation unbekannt.

24 »*Glauben, gehorchen, kämpfen.*« – Valéry hielt sich mehrfach auf Vortragsreisen in Italien auf: Am 20. April 1924 und am 26. Mai 1933 traf er Mussolini; im März/April 1937 hielt er sich in Rom und Bologna auf und unternahm Ausflüge in die ländliche Umgebung.

25 Valéry schreibt hier *Le Vray Myroir de la Bêtise des hommes* und spielt auf die bibliophilen Frontispize von *De Triumpho stultitiae* des Faustino Perisauli (1480/1603) oder *Stultitiae laus* (1511) des Erasmus von Rotterdam an.

26 Die bedrückende »Machtsituation im Büro« verbildlicht eine Illustration aus dem Teste-Zyklus. Valéry war zwei Jahrzehnte Sekretär von Édouard Lebey in der Nachrichtenagentur Agence Havas, Paris. Vgl. die Abbildung im Anhang.

27 Dieser Eintrag wurde mit Bleistift geschrieben (ansonsten Tinte).

28 Vgl. *Die Insel Xyphos*, in Valéry, *Werke*, Bd. 1, S. 440 f.

29 Valéry ordnet Marx philosophiegeschichtlich ein (»Kant qui genuit Hegel, qui genuit Marx, qui genuit ...«, so Ende des 1. Briefes von ›Die Krise des Geistes‹, *Werke* 7, S. 32). 1918 las er mit großem Interesse *Das Kapital* und widersprach der Gleichsetzung von Ökonomie und Soziologie.

30 Lat. *suum cuique* (Cicero, *De officiis* I, 5) »Jedem das Seine« (verändert Valéry hier zu »Jedem dasselbe«), vgl. Platon, *Politeia*, als Prinzip des Rechts und der Gerechtigkeit (d. h. Verteilungsgerechtigkeit), und Aristoteles, *Nikomachische Ethik*: A zu B, B zu D ist Verteilungsgerechtigkeit, aber gemäß Wertigkeit/Würdigkeit (κατάσια).

31 Gedankenabbruch im Ms. Bei den verschiedenen Strukturtypen der Naturgeschichte denkt Valéry an Carl von Linné, Buffon, Darwin oder Lamarck; wichtig ist ihm hier aber der interdisziplinäre Ansatz.

32 Wenngleich der »Völkerbund«, deren frz. Äquivalent »Société des Nations« Valéry aus politisch-juristischen Gründen unglücklich fand [vgl. *Cahiers/Hefte* 5, 598], auf der Grundlage der Menschenrechte und mit dem Ziel der Friedenssicherung in der Welt sich weder legitimiert noch handlungsfähig erwies, arbeitete Valéry aktiv seit Mitte der 1920er-Jahre im *Comité des Arts et des Lettres* mit.

33 Die Thematik Individuum versus Staat seit der griechischen Polis (Platon, Aristoteles, Sophokles ›Antigone‹) bis zu Thomas Morus (*Utopia*) oder Hegels *Phänomenologie des Geistes* (1807) hat Valéry mehrfach beschäftigt.

34 Der römische Rechtsgrundsatz *do ut des* (»Ich gebe, damit du gibst.«) gilt für gegenseitige Verträge, was gleichfalls eine grundlegende Strategie sozialen Verhaltens darstellt (Synallagma zwischen Leistung und Gegenleistung, deren Ursprung im Opferkult der Völker gegenüber ihren Göttern gesehen wird).

35 Der *Code civil des Français*, dann *Code Napoléon* 1807–1815 und 1853–1871 genannt, ist das französische Gesetzbuch des Zivilrechts, eingeführt von Bonaparte am 21. März 1804. Hinzu kamen vier weitere Gesetzbücher (*Codes*). Als Errungenschaften der Französischen Revolution gelten die bürgerlichen Freiheitsrechte: Freiheit der Person und des Eigentums, die Trennung von Staat und Kirche, Gleichheit vor dem Recht. Der Geltungsbereich der *Codes* erstreckte sich bis 1900 auch auf deutsche Gebiete wie das linksrheinische Königreich Westfalen. Napoleon kommentiert: »Gleichheit gibt es nur in der Theorie.«, ders., *Maximen und Gedanken*, op. cit. S. 42 (Notiz 176).

36 Die Währung des *Louis d'or* und *livre* wurde am 7. April 1795 durch den *franc* (mit Dezimalsystem) reformiert.

37 Gegen den König Ludwig XIV und seine Vasallen erhoben sich 1675 die bretonischen Bauern (*Bonnets Rouges*) und legten den »*Code paysan*« mit fiskalischen und politischen Rechtsansprüchen für 14 Gemeinden vor. Die Revolte wurde blutig niedergeschlagen.

38 Dekret von 1806: Als »Berliner Dekret« bezeichnet man eine von Napoleon I. am 21. November 1806 in Berlin erlassene Verordnung, durch welche die gegen Großbritannien gerichtete Kontinentalsperre eine erste wesentliche Verschärfung erfuhr.

39 Im Ms. steht »et moment« (anstatt »au moment«) – wohl ein Schreibfehler.

40 Vgl. *Kleiner Brief über die Mythen, Werke*, Bd. 4, S. 248–257.

41 Vgl. Montesquieu, *De l'esprit des lois* [1748], Pléiade Ausgabe [Stichwort ›*luxe*‹]; dt. *Vom Geist der Gesetze*, hg. von Kurt Weigand, Stuttgart 1965, VIII. Buch (Über die Entartung der drei Regierungsprinzipien, das der Demokratie, des Volkes – seiner übertriebenen Gleichheit, der Aristokratie, der Monarchie), S. 180–196.

42 L. steht wohl für Louis 14, der seinen eigenen Tod nicht von Höflingen oder dem Gesindel »erledigen« lassen konnte.

43 Siehe im Anhang das Ölgemälde »La Révolution en marche!« der Enkelin, Malerin und Bildhauerin Martine Rouart-Valéry.

44 Reaktionszeit bei welcher Handlung? Der Merowinger-König Clovis I. (466–511) ist bekannt durch sein Versprechen, bei einem Sieg gegen die Alemannen (496 Schlacht bei Tolbiac/Zülpich) zum katholischen Glauben zu konvertieren.

45 Die Idee eines Völkerbundes als Bund einer Staatengemeinschaft wurde erstmals 1625 vom niederländischen Rechtsgelehrten Hugo Grotius in seinem Buch

De iure belli ac pacis (»Über das Recht des Krieges und des Friedens«) als »Grundlagen für das Völkerrecht« dargestellt. Kant griff die Idee eines »Föderalismus freier Staaten« (also eines »Völkerbundes« – im Gegensatz zum Völker- bzw. Weltstaat) in seiner Schrift *Zum ewigen Frieden* (1795) auf. Im Frz. ist »Société« und »Nations« anders konnotiert und definiert als im Deutschen.

46 Zum *horror vacui* (der Schriftsteller angesichts des leeren Blatts) bei Valéry, vgl. Robert Pickering, »La feuille blanche«, in *Paul Valéry à tous les points de vue*, hgg. von Paul Gifford, Robert Pickering und J. Schmidt-Radefeldt, Paris, L'Harmattan 2003, S. 163–173.

47 Das Erkennen von ›Idolen‹ und der Kampf gegen sie ist ein durchlaufender Gedanke in Valérys *Cahiers*. Vgl. auch E. M. Cioran, »Valéry und seine Idole«, in ders., *Über das reaktionäre Denken*, Suhrkamp, 1990, S. 87–115.

48 Der Zusammenhang zwischen Ψ-(psychisch-seelischem) und φ-(physischem)Effekt (das alte Leib-Seele-Problem) wird in den *Cahiers* neuartig angegangen. Vgl. dazu die Rubriken ›Psychologie‹, ›Soma und Körper/Geist/Welt‹, ›Sensibilität‹ in *Cahiers/Hefte*, Bd. 3.

49 Offensichtlich meint Valéry hier den Inquisitionsprozess gegen Galilei (1631), der das *kopernikanische System* für wahr hielt. Unter den Jesuiten gab es unterschiedliche Meinungen: Einige ließen es nur als Hypothese zu, einige waren überzeugte Kopernikaner (Stattler, Grammatici und Scheiner, vgl. auch den Brief von Descartes an Mersenne, Februar 1634, in Descartes, *Oeuvres et Lettres*, Pléiade, 1953, S. 949 f.).

50 Bei demokratischen Wahlen kann »eine Stimme mehr«, also die einfache Mehrheit, große Konsequen-

zen haben; dabei sind vier verschiedene Arten von Mehrheit (einfache, relative, absolute, qualifizierte) zu unterscheiden. In Frankreich wird die Nationalversammlung nach romanischer Mehrheitswahl gewählt, der Präsident nach absoluter Mehrheit.

51 Wortspiel im Frz. *convaincu* (überzeugt) und *vaincu* (besiegt).

52 Ψ steht für »psychisch« (seelisch). Vgl. auch den Essay »Das Unvorhersehbare« (1944), *Werke*, Bd. 7. S. 519–523.

53 Vgl. zur Diktatur *Werke*, Bd. 7, S. 236–249.

54 Vor und nach der Berliner Kongo-Konferenz (1884/85) war die Einstellung Bismarcks kolonialfeindlich; in einem Gespräch mit dem Afrikaforscher Eugen Wolf äußerte er 1888: »Ihre Karte von Afrika ist ja sehr schön, aber meine Karte von Afrika liegt hier in Europa. Hier liegt Russland, und hier liegt Frankreich, und wir sind in der Mitte; das ist meine Karte von Afrika.« (Otto von Bismarck, *Gespräche*, *Die gesammelten Werke*, Bd. 8, Berlin 1926, S. 646).

55 Lat. »gemäß dem (logischen) Wortsinn«; analog dazu *secundum logicam* (*sacre*) *scripture*, »gemäß dem Wortsinn der (Hl.) Schrift« bzw. »dem Gesetzes-(Bibel)text«.

56 Vgl. *Werke* Bd. 7, S. 386–389 »Parteien«.

57 1840 war für Frankreich ein Umbruchsjahr: Ein gescheiterter Putsch von Napoléon III, die »Rheinkrise« (unter Adolphe Thiers wurden die linksrheinischen Gebiete beansprucht), die »Orientkrise«, Industrialisierung, verschärfte soziale Fragen, liberale Forderungen nach demokratischen Rechten, Anwachsen eines Nationalismus und der Anarchist Pierre-Joseph Proudhon provozierte durch sein berühmtes »Eigentum ist Diebstahl«.

58 Anschaulich zu diesem Abschnitt vgl. *Der Hof Lud-*

wig XIV. in Augenzeugenberichten, hg. von Gilette Ziegler, dtv 1981, sowie *Louis XIV. Vorbild und Feindbild*, hgg. von Isabelle Deflers und Christian Kühner, Berlin 2017.

59 *Relligio negligens* – bei Vernachlässigung der Religion (»Bindung«).

60 Lat. *in intimo corde, »im Innersten des Herzens«.*

61 Die Theorie der Phasen (Willard Gibbs) zog Valéry als Analogie heran, vgl. Judith Robinson, *L'analyse de l'esprit dans les Cahiers de Valéry*, Paris 1963, S. 64 und 66.

62 Minderwertiges, Entartetes.

63 Valéry begibt sich hier ins Autobiografische (Paul *Ambroise* Valéry), mit Perspektivenwechsel: Sein zweiter Vorname ist *Ambroise* (Götterspeise und -gesang, *nomen est omen*); das *Naturkind* (*l'ingénu*) verweist auf einen *conte philosophique* (Voltaire), mit dem Staunen beginnt sein philosophisches Denken.

64 Beispiele aus den Naturwissenschaften finden sich zuhauf in *Cahiers/Hefte*, Bd. 5 (vgl. die Rubriken Wissenschaft, Mathematik).

65 Vgl. Valéry, »*Respirer...*«, dt. ›Frei atmen‹ (*Werke* 7, S. 528–530).

66 Ursprünglich im antiken Griechenland eine Bürgergemeinde bzw. auch Staatsverband, der aus Bürgern gebildet wird (Platon, *Politeia*, wo die Klügsten die Herrschaft übernehmen sollten, weil das Volk zu dumm sei; Aristoteles, *Politika*, wo der Mensch als politisches Wesen in der Polis sich gemeinschaftlich erlebte); der Einzelne ist unabhängig gegenüber den anderen, aber abhängig von der ›Polis‹. Valérys Auffassung liegt wohl zwischen Platon und Aristoteles. Rousseau (*Du Contrat social, ou le Principes du droit politique*, 1762) verwendet sowohl ›cité‹ als ›polis‹.

67 Die autokratischen Staatsformen hat Valéry in Theo-

rie und Praxis (Mussolini, Salazar, Hitler, Pétain u. a.) mit Interesse in seiner Epoche verfolgt, vgl. dazu *Betrachtungen über die Diktatur* und *Die Idee der Diktatur*, in *Werke* 7, S. 236–249.

68 Hervorhebung vom Übersetzer. Valérys Standpunkt ist die absolute Subjektivität. Vgl. zum ›Ich‹ (moi) bei Valéry das Themenheft *Forschungen zu Paul Valéry* 26 (2013).

69 Zum *Faktum* vgl. oben. Im frz. Text *Ceci est un fait* und *C'est un fait*. Das deiktische Element »hier« (ceci) verstärkt den Hinweis auf ein Objekt *ad oculos*. Vgl. zum *Faktischen* und *Künstlerischen* auch Jean-François Lyotard »Was ›Kunst‹ ist (*Ceci est de l'art*)«, in *Forschungen zu Paul Valéry* 3 (1990), S. 1–22.

70 Valéry spricht hier schon Ende der Dreißigerjahre von »*communication virtuelle*«; die genannten Phänomene einer sich stark verändernden Welt im politisch-sozialen Raum sind Teil seiner Zeitkritik.

71 Im frz. Text »novations«; ursprünglich ein juristischer Begriff »Schuldumwandlungen« (*Dictionnaire del'Académie* 1694), von Valéry hier resemantisiert [Anm. Tim Trzaskalik].

72 Ψ *psychisch* und φ *physisch*.

73 Man denke an fachsprachliche Zeichen, an hybride Kodierungen (etwa im Code des *chat* oder der SMS), an nicht-begriffliche Erfahrungsformen in der Musik, der Literatur, der Kunstästhetik oder in den Naturwissenschaften, wenn das Denken in neue Forschungsbereiche vordringt, vgl. dazu *Was sich nicht sagen lässt: Das Nicht-Begriffliche in Wissenschaft, Kunst und Religion. Festschrift für Wolfram Hogrebe*, hgg. J. Bromand und G. Kreis, Akademie Verlag, Berlin 2010.

74 Dieser Vergleich meint eine geometrische Progression: Eine von einer Kurve umschlossene Fläche zu »quadrieren« (also ihre Quadratur durchzuführen)

bedeutet, die Fläche zu ersetzen durch ein Quadrat bzw. durch die Summe mehrerer Quadrate bzw. durch eine Summe von (natürlich geradlinig begrenzten) Vielecken [Polygonen]. »Une ligne brisée« bezeichnet »eine stückweise geradlinige Kurve«, durch Quadrieren wird aus der (krummlinigen) Randkurve eine stückweise geradlinige Kurve (Polygonenzug).[Martin Lowsky]

75 Man denkt an das *Edikt von Nantes* (1598), das Heinrich IV (der vom Protestanten zum Katholiken konvertierte) unterzeichnete und den Calvinisten Gewissensfreiheit und freie Religionsausübung garantierte (jedoch nicht in Paris und Umgebung, nicht in Städten mit Bischofssitz und in königlichen Schlössern). 1685 widerrief Ludwig XIV das Edikt dann durch das *Revokationsedikt von Fontainebleau*, was den Exodus der französischen Protestanten, Hugenotten, Calvinisten in die Generalstaaten der Niederlande und nach Brandenburg-Preußen sowie Hessen-Kassel zur Folge hatte.

76 Der Sonnenkönig Louis XIV (*L'Etat, c'est moi*) regierte von 1643 bis 1715 (zuerst durch Kardinal Mazarin und die Königinmutter Anne), erhielt 1654 durch Salbung und Krönung in Reims die Königswürde (zu der auch Heiligkeit gehörte).

77 »Wer bin ich?« – Das Problem der Identität und der Existenz (moi, *Cogito ergo sum*) hat Valéry zeitlebens bewegt, vgl. Nicole Celeyrette-Pietri, *Valéry et le Moi*. Paris 1976.

78 Valéry macht Descartes für wesentliche Veränderungen im neuen Zeitalter verantwortlich, vor allem für das, was er »Quantifizierung des Lebens« nennt: immer mehr Lebensprozesse dem Diktat der Zahl zu unterwerfen, jede Erkenntnis einem nummerischen Größenvergleich zu unterziehen, den Tagesverlauf durch Messverfahren aufzuteilen und zu bewerten

und vieles andere nicht mathematisch Erfassbare zu *ent*werten (vgl. »Eine Ansicht von Descartes«, in *Werke 4*, S. 48).

79 Vertrauen, Zuverlässigkeit, Sicherheit (lat. *fiducia*) bilden ein Werte-Kriterium in Valérys sozialtheoretischen und semiotischen Ansätzen der *Cahiers*; Gesellschaft, Sprache, Gesetze, Sitten, Künste, Politik, alles was Konventionen (Relais) erfordert, ist fiduziär begründet (*Werke 7*, S. 385). Vgl. K. A. Blüher, »La sémiotique du discours ›fiduciaire‹ chez Valéry et Barthes«, in *Valéry et le monde actuel*, Minard, Paris 1993, S. 93–114.

80 Valéry jedoch folgt in den *Cahiers* einer transdisziplinären Erfassung der Phänomene φ und Ψ, vgl. J. Schmidt-Radefeldt, »Kybernetische Denkansätze bei Paul Valéry?«, in *Poetica 14* (1982), S. 134–170.

81 Der Verweis könnte sich auf Porträtbilder wie von *Friedrich II* (Anton Graff 1781) und *Richelieu* (Philippe de Champagne 1637) beziehen.

82 Bei Erdbebenaufzeichnungen unterscheidet man *Primärwellen* (Longitudinalwellen), die sich schneller ausbreiten und zuerst aufgezeichnet werden, und *Sekundärwellen* (Transversalwellen), die quer zur Ausbreitungsrichtung schwingen. Aus der Zeitdifferenz zwischen dem Einsetzen der P- und der S-Wellen wird die Entfernung zum Bebenherd berechnet.

83 Im Manuskript findet sich dazu die kleine Zeichnung eines Billardtisches mit dem Verlauf der Kugel.

84 In seinen letzten *Cahiers* 1944 kommt Valéry zu der Überzeugung: »Diplome gelten als Anrecht auf Faulheit! Kompetenz lässt sich nicht antizipieren.« (*Cahiers/Hefte* 5, S. 641).

85 Diese Thematik nimmt Valéry in seinen Essays mehrfach auf (»Bilder von Frankreich«, »Funktion der Stadt Paris«, »Frankreich arbeitet«, »Kunst und

Geistesleben in Frankreich«, »Frankreichs Mannigfaltigkeit«, in *Werke* Bd. 7)

86 Die Bezeichnung wurde von dem Literaturkritiker und Pétainisten René Gillouin (1881–1971) aufgegriffen, der mit Valéry (wie auch Mauriac, Bonnard, Giraudoux u.a.) in der Jury des *Prix littéraire de la Ville de Paris* Ende der 1930er-Jahre saß; sein Buch *Aristarchie ou Recherche d'un gouvernement* erschien 1946 im Untergrund-Verlag Edition du Cheval ailé in Genf.

87 *Syntonisation*, Fachbegriff der Physik (Elektronik) im Sinne von »Regulierung bzw. Anpassung (z.B. der Resonanz) von 2 Schaltkreisen auf eine gemeinsame Frequenz«.

88 Vermutlich geht solch eine Notiz auf Gespräche mit den Marschällen Foch oder Pétain zurück. Man denkt an die schrecklichen Materialschlachten der Weltkriege, den Einsatz großer Geschütze mit 132 km Schussweite (»Paris-Geschütz«) oder 42cm-Mörser (»Dicke Berta«) zur Bekämpfung von Festungsanlagen im 1. Weltkrieg; vgl. dazu Valérys futuristische Vorstellung militärischer Gefechte in »Hypothese«, *Werke* 7, S. 382.

89 Valéry war jahrzehntelang Präsident des französischen P.E.N-Clubs.

90 Valéry ist überzeugter Franzose, Europäer, Kosmopolit, vgl. dazu das Themenheft *Forschungen zu Paul Valéry* 9 (1996).

91 Diese letzte Notiz vermittelt die Ohnmacht des Individuums angesichts des bevorstehenden Krieges: Am 13. März 1938 übernahm Hitler die Macht in Österreich. Die »Affäre der Tschechoslowakei« bezeichnet die *Appeasement*-Politik vor allem Lord Chamberlains, das *Münchner Abkommen* am 30. September 1938, die sukzessive Aufteilung der Tschechoslowakei, die gewaltsame Annexion des

Sudetenlandes durch Nazi-Deutschland. Die Münchner Konferenz scheiterte am 28. September 1938: Hitler wird völkerrechtswidrig im März 1939 in die Tschechoslowakei einfallen. Hier endet das *Carnet.*

Anmerkungen zum Nachwort

92 Das Narrativ geht auf ein authentisches Erlebnis zurück: siehe Paul Valéry, *Principes d'an-archie*, Paris: Espaces & Signes, 2017, 6,00 €. Der vollständige Text des *Carnet* erschien 1984 unter dem Titel *Les principes d'an-archie pure et appliquée, suivi de Paul Valéry et la politique par François Valéry* (Gallimard).

93 Zitiert nach Th. W. Adorno, »Valérys Abweichungen«, in ders., *Noten zur Literatur II*, Frankfurt a. M., Suhrkamp 1961, S. 62.

94 Vgl. Denis Bertholet, *Paul Valéry. Die Biographie*, Insel, Berlin 2011, und Michel Jarrety, *Paul Valéry*, Paris, Fayard 2008.

95 Der Entwurf für eine ›Société des Esprits‹ findet sich in einem Brief an S. de Madariaga (Valéry, *Werke*, Bd. 7, S. 440–449; vgl. zu dieser Thematik auch die Ansprache Valérys 1928, in *Paul Valéry. Philosophie der Politik, Wissenschaft und Kultur*, hg. von J. Schmidt-Radefeldt, Tübingen, Stauffenburg Verlag 1999, S. 11–13.

96 K. A. Blüher, »Valéry und Kant«, in *Forschungen zu Paul Valéry* 11, 1998, S. 7–45.

97 Valéry, *Œuvres*, Pléiade II, S. 971 ; dt. *Werke*, Bd. 7, S. 243.

98 Vgl. dazu *Cahiers* XIII, 382; *Cahiers* Pléiade. I, S. 637; *Cahiers/Hefte* 2, 199 f.

99 Denis Bertholet, *Paul Valéry*, op. cit., S. 519.

100 Das Prinzip der Verifizierbarkeit von Aussagen (*Principle of verifiability*) wurde gerade Ende der 1930er-Jahre im Wiener Kreis (logischer Empirismus) vehement diskutiert: Alle sinnvollen nicht-analytischen Aussagen über Fakten sollten *verifizierbar*, die Bedingungen und Ergebnisse ihrer Beobachtung müssten dafür festgelegt und überprüfbar sein. Vgl. *Enzyklopädie Philosophie und Wissenschaftsthorie*, hg. von Jürgen Mittelstraß, Stuttgart/Weimar, Metzler Verlag, 4 Bde. Bd. 4, S. 509–514.

101 *Cahiers*, Pléiade. II, S. 10; *Cahiers/Hefte*, Bd. 4, S. 159.

102 22. Januar 1931: Valérys Text erschien 1938 in *Variété* IV, in *Œuvres*, Pléiade. I, S. 1098–1127; deutsch *Werke*, Bd. 7, S. 393–427.

103 *Betrachtungen über die Diktatur*, in Werke 7, 236–241.

104 Vgl. http//www. hatchuel.fr/kant_en_francais.pdf

105 I. Kant, *Werke*, WB Darmstadt 1983, Bd. 10, S. 686 f.

106 René Gillouin, »Paul Valéry, poète métaphysique«, in *Le Destin de l'occident*, Editions Promethée 1929, zit. nach Paul Valéry, *Masters and Friends*, Bollingen series, Bd. 9, Princeton University Press 1968, S. 387.

Nachweis der Illustrationen

1. Paul Valéry, Les Principes d'an-archie raisonnée, Seite 1 [4], Bibliothèque nationale de France, Katalog NaF 19154.

2. Paul Valéry, »Macht im Büro« (*M. Teste*). Sepia-Tuschzeichnung. In: *Les dessins de Paul Valéry,* Texte de Paul de Man, Les Editions universelles, Paris 1948 (planche LXVII).

3. Paul Valéry, »Phantasmagorie in Kriegszeiten [15. 9. 1942]«, aquarellierte Zeichnung für seine Enkelin Martine. In: Paul Valéry, *Cahiers.* Faksimile-Ausgabe des C.N.R.S., Paris 1957–1961, 29 Bde., Bd. 25, S. 661 (1942).

4. Martine Rouart-Valéry, »La Révolution en marche«, Öl auf Leinwand (110 × 80 cm), s. d., Privatbesitz.

Wir danken der *Bibliothèque nationale de France* und den Erben Paul Valérys für die Druckerlaubnis der Abbildungen.

Für eine Durchsicht der Übersetzung danke ich herzlich Madame Isabelle Chopin, vor allem dem sorgfältigen und sachkundigen Lektor Tim Trzaskalik, für Hinweise zur Drucklegung Madame Martine Rouart-Valéry und meiner Frau Renate.

Inhalt

Erste Auflage Berlin 2019

MSB Matthes & Seitz Berlin Verlagsgesellschaft mbH
Göhrener Str. 7 | 10437 Berlin
info@matthes-seitz-berlin.de
Titel der Originalausgabe:
Les Principes d'an-archie pure et appliquée

Satz: Michael Rosenlehner, Berlin
Druck und Bindung: Art Druk, Szczecin
Umschlaggestaltung nach einer Idee
von Pierre Faucheux
ISBN 978-3-95757-534-0
www.matthes-seitz-berlin.

Incels